O selo DIALÓGICA da Editora InterSaberes faz referência às publicações que privilegiam uma linguagem na qual o autor dialoga com o leitor por meio de recursos textuais e visuais, o que torna o conteúdo muito mais dinâmico. São livros que criam um ambiente de interação com o leitor – seu universo cultural, social e de elaboração de conhecimentos –, possibilitando um real processo de interlocução para que a comunicação se efetive.

Algumas questões de antropologia contemporânea

[Janaína Moscal

Simone Frigo]

EDITORA intersaberes

Rua Clara Vendramin, 58
Mossunguê . Curitiba . Paraná . Brasil
CEP 81200-170
Fone: (41) 2106-4170
www.intersaberes.com
editora@editoraintersaberes.com.br

[Conselho editorial]
Dr. Ivo José Both (presidente)
Drª Elena Godoy
Dr. Neri dos Santos
Dr. Ulf G. Baranow

[Editora-chefe] Lindsay Azambuja

[Gerente editorial] Ariadne Nunes Wenger

[Preparação de originais] Fabrícia E. de Souza

[Edição de texto] Palavra do Editor | Arte e Texto Edição e Revisão de Textos | Tiago Krelling Marinaska

[Capa] Iná Trigo (*design*) | Evannovostro/Shutterstock (imagem)

[Projeto gráfico] Bruno de Oliveira

[Adaptação de projeto gráfico] Iná Trigo

[Equipe de *design*] Iná Trigo | Charles L. da Silva

[Iconografia] Maria Elisa Sonda | Regina Claudia Cruz Prestes

Dados Internacionais de Catalogação na Publicação (CIP)
(Câmara Brasileira do Livro, SP, Brasil)

Moscal, Janaína
  Algumas questões de antropologia contemporânea/Janaína Moscal, Simone Frigo. Curitiba: InterSaberes, 2020. (Série Fundamentos da Sociologia)

  Bibliografia.
  ISBN 978-65-5517-702-2

  1. Antropologia I. Frigo, Simone. II. Título. III. Série.

20-39013   CDD-301

Índices para catálogo sistemático:
1. Antropologia   301
      Cibele Maria Dias – Bibliotecária – CRB-8/9427

1ª edição, 2020.
Foi feito o depósito legal.
Informamos que é de inteira responsabilidade das autoras a emissão de conceitos.
Nenhuma parte desta publicação poderá ser reproduzida por qualquer meio ou forma sem a prévia autorização da Editora InterSaberes.
A violação dos direitos autorais é crime estabelecido na Lei n. 9.610/1998 e punido pelo art. 184 do Código Penal.

Sumário

[...]

Apresentação, 7
Como aproveitar ao máximo este livro, 11

[1] **Culturas, naturezas e afins, 15**
    [1.1] Pensamentos iniciais, 16
    [1.2] A ciência, 22
    [1.3] As antropologias, 29
    [1.4] Caminhos metodológicos, 37

[2] **As fronteiras atravessaram-se entre nós, 51**
    [2.1] Antropologia moderna como disciplina científica, 54
    [2.2] Críticas pós-modernas, 58
    [2.3] Interlocuções com a pós-modernidade, 64
    [2.4] O fim dos grandes divisores, 71

[3] **Pensamento social brasileiro e antropologia no contexto nacional, 83**
    [3.1] Gilberto Freyre: *Casa-grande & senzala*, 85
    [3.2] Sérgio Buarque de Holanda: *Raízes do Brasil*, 90
    [3.3] Caio Prado Júnior: *Formação do Brasil contemporâneo*, 95
    [3.4] Antropologia na cidade: o outro na urbe, 99

[4] **Poder e política como temas antropológicos, 121**
   [4.1] Organização social e sistemas políticos como temática antropológica, 122
   [4.2] Rituais e estética como dimensões de poder, 130
   [4.3] Poder e política no Brasil: um campo de estudos, 142
   [4.4] Candidaturas e campanhas como processos rituais: uma perspectiva etnográfica, 151

[5] **Diversidade, gênero e sexualidade, 161**
   [5.1] Trajetórias do pensamento, 162
   [5.2] Antropologia e feminismo, 166
   [5.3] Diversidade sexual e de gênero (DSG), 171
   [5.4] Educando corpos, produzindo gênero, 175
   [5.5] Pensar as intersecções, 180

[6] **Do que se faz a antropologia brasileira: raça, nação e cultura popular, 191**
   [6.1] O conceito de *raça* na construção antropológica, 192
   [6.2] Raça, mestiçagem e racismo na antropologia feita em casa, 200
   [6.3] Cultura popular, nação e raça, 210

Considerações finais, 219

Referências, 223

Bibliografia comentada, 239

Respostas, 241

Sobre as autoras, 243

Apresentação
[...]

Condensar todo o conhecimento produzido pela antropologia ao longo da modernidade não é nosso objetivo. Este não é um manual de antropologia, muito menos um material compilador da história de nossa disciplina. Deixemos essa tarefa árdua aos historiadores. Esta obra centra a atenção na contemporaneidade, em temáticas que hoje se constroem como importantes em nossa sociedade. Mesmo assim, não abordamos todos os possíveis conteúdos passíveis de análise antropológica. O social não se reflete aqui como um todo, mas sim em recortes produzidos por trajetórias acadêmicas específicas, orientadas, em especial, pelos percursos teóricos das autoras.

Por esse motivo, precisamos assinalar que a construção de conhecimento e a compreensão de seus percursos teóricos são intrínsecas às trajetórias dos autores e aos contextos sociais em que vivem, em especial na antropologia. Podemos citar, por exemplo, as reflexões provocadas pelas teorias feministas de autoras como Strathern (2006). Lembramos, ainda, segundo Grossi (2004), que não há produção de conhecimento sem subjetividade ou, como já anunciava o filósofo Michel Foucault (1997), não há elaborações do saber de maneira desinteressada. Ou seja, a compreensão acerca da trajetória dos pesquisadores é também necessária ao entendimento de suas teorias.

A nossa proposta, desse modo, é apresentar exercícios de pensamento que mostrem àqueles que iniciam seus estudos em antropologia que essa disciplina científica é caracterizada pela prática do estranhamento, da desconstrução e da reelaboração de conceitos e análises, além de mostrar que todas as teorias e as práticas antropológicas são frutos da observação e do acúmulo e da **seleção** de reflexões analíticas.

As temáticas são pinceladas, dialogam com algumas das teorias produzidas no campo antropológico ou as refletem. O objetivo não foi dar conta de todas elas, mas apresentar alguns dados teóricos básicos que possam fornecer subsídios para algumas reflexões e articulações analíticas das temáticas escolhidas. Também é relevante citarmos que a compreensão do que seja a antropologia contemporânea parte de entendimentos compartilhados entre pares – ou seja, de uma comunidade de especialistas na área – que define ou orienta períodos históricos e escolhas teóricas e metodológicas que caracterizam esse determinado conjunto de elaborações analíticas, com suas diferenças e características em comum.

Desse modo, a antropologia contemporânea apresentada nesta obra tem como eixo central leituras revisitadas de alguns clássicos da disciplina com seus desdobramentos mais recentes, assim como suas refutações e repercussões. Cronologicamente, a compreensão desse período parte das análises do estruturalismo e da antropologia britânica pós-funcionalista, bem como das digressões sobre a antropologia interpretativista, pós-moderna, e, mais recentemente, das produções intituladas *simétricas* ou *reflexas*.

O livro divide-se em dois blocos de análise. Os três primeiros capítulos tratam, mais especificamente, de algumas bases teóricas;

já os três últimos aprofundam as primeiras discussões ao trabalharem a antropologia sob perspectivas contemporâneas de seus temas clássicos.

Logo, o Capítulo 1 localiza o pensamento antropológico no contexto do surgimento da modernidade, apontando para a eclosão das primeiras ideias que cunharam os conceitos fundamentais. Localiza ainda a antropologia no campo mais geral das ciências e abre o leque para a compreensão da antropologia como um campo diverso de conhecimento.

Em seguida, o Capítulo 2 aprofunda a diversidade do pensamento antropológico nas discussões da antropologia contemporânea.

O foco do Capítulo 3 é o pensamento social brasileiro, base organizativa das diferentes teorias que explicam a realidade social no Brasil. Gilberto Freyre, Sérgio Buarque de Holanda e Caio Prado Júnior são autores discutidos. Por fim, é apresentado, de maneira um pouco mais aprofundada, o campo da antropologia urbana e suas contribuições à produção de conhecimento realizada em solo nacional.

Os capítulos 4, 5 e 6 trabalham perspectivas contemporâneas de temas clássicos. Questões políticas, de gênero e de raça, bem como questões urbanas, como violência e educação, são apresentadas por meio de uma interpretação antropológica.

Enfatizamos que o caráter inovador de acréscimo ao conhecimento científico produzido nas ciências humanas não está na escolha dos temas, visto que são compartilhados pela sociologia e pelas ciências políticas, mas na leitura antropológica sobre eles. A proposta é que os estudantes possam acessar ferramentas conceituais que permitam a experimentação de uma mirada antropológica, em elaborações e exercícios orientados por metodologias e conceitos da disciplina, como alteridade, identidade, relativismo, etnografia ou trabalho de campo etc. A cada capítulo, a meta é que a leitura desta obra propicie a compreensão da prática antropológica por meio da apresentação de suas temáticas e perspectivas etnográficas.

Como aproveitar ao máximo este livro
[...]

Empregamos nesta obra recursos que visam enriquecer seu aprendizado, facilitar a compreensão dos conteúdos e tornar a leitura mais dinâmica. Conheça a seguir cada uma dessas ferramentas e saiba como elas estão distribuídas no decorrer deste livro para bem aproveitá-las.

[Introdução do capítulo]
Logo na abertura do capítulo, informamos os temas de estudo e os objetivos de aprendizagem que serão nele abrangidos, fazendo considerações preliminares sobre as temáticas em foco.

[Síntese]
Ao final de cada capítulo, relacionamos as principais informações nele abordadas a fim de que você avalie as conclusões a que chegou, confirmando-as ou redefinindo-as.

[Indicações culturais]
Para ampliar seu repertório, indicamos conteúdos de diferentes naturezas que ensejam a reflexão sobre os assuntos estudados e contribuem para seu processo de aprendizagem.

[Atividades de autoavaliação]
Apresentamos estas questões objetivas para que você verifique o grau de assimilação dos conceitos examinados, motivando-se a progredir em seus estudos.

[Atividades de aprendizagem]
Aqui apresentamos questões que aproximam conhecimentos teóricos e práticos a fim de que você analise criticamente determinado assunto.

[Bibliografia comentada]

Nesta seção, comentamos algumas obras de referência para o estudo dos temas examinados ao longo do livro.

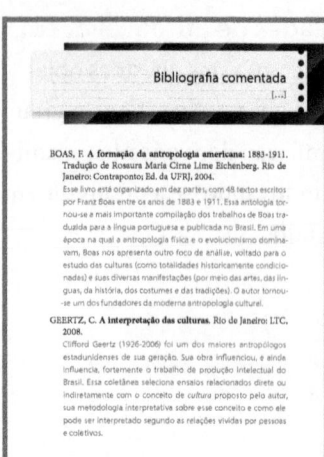

BOAS, F. **A formação da antropologia americana:** 1883-1911. Tradução de Rossura Maria Cirne Lime Eichenberg. Rio de Janeiro: Contraponto; Ed. da UFRJ, 2004.

Esse livro está organizado em dez partes, com 48 textos escritos por Franz Boas entre os anos de 1883 e 1911. Essa antologia tornou-se a mais importante compilação dos trabalhos de Boas traduzida para a língua portuguesa e publicada no Brasil. Em uma época na qual a antropologia física e o evolucionismo dominavam, Boas nos apresenta outro foco de análise, voltado para o estudo das culturas (como totalidades historicamente condicionadas) e suas diversas manifestações (por meio das artes, das línguas, da história, dos costumes e das tradições). O autor tornou-se um dos fundadores da moderna antropologia cultural.

GEERTZ, C. **A interpretação das culturas**. Rio de Janeiro: LTC, 2008.

Clifford Geertz (1926-2006) foi um dos maiores antropólogos estadunidenses de sua geração. Sua obra influenciou, e ainda influencia, fortemente o trabalho de produção intelectual do Brasil. Essa coletânea seleciona ensaios relacionados direta ou indiretamente com o conceito de cultura proposto pelo autor, sua metodologia interpretativa sobre esse conceito e como ele pode ser interpretado segundo as relações vividas por pessoas e coletivos.

Culturas, naturezas e afins
[Capítulo 1]

A apresentação de alguns dos elementos essenciais do pensamento antropológico é o objetivo deste capítulo.

Vamos localizar o surgimento dos pensares sobre a diversidade humana no contexto do surgimento da própria modernidade. Apontaremos para a origem das primeiras ideias que foram pressupostos para o entendimento da realidade e que, em seguida, formaram os conceitos fundamentais e os métodos da disciplina.

A discussão também vai demonstrar a antropologia no campo mais geral das ciências e abrir o leque para a compreensão dessa ciência como um campo diverso de conhecimento.

[1.1]
Pensamentos iniciais

A antropologia, assim como qualquer ciência ou pensamento humano, não surgiu de um momento para o outro, da iluminação de algum mago ou profeta, muito menos foi o resultado de uma única ideia, localizada em um único país ou espaço geográfico. Foi como toda produção humana: o resultado de longos e conflituosos processos históricos. A expansão marítima; as reformas protestantes; a formação dos Estados nacionais; as grandes navegações e o comércio ultramarino; o desenvolvimento científico e tecnológico foram o pano de fundo para uma visão mais elaborada desse movimento intelectual de enorme alcance, que mudou totalmente a forma como se explicavam as questões referentes à natureza e aos seres humanos.

A Europa Ocidental foi palco das seguintes reflexões: O que existe além dos mares? Existem outros lugares? Quem os habita? Serão monstros? Nesse sentido, a expansão marítima definiu um mundo territorialmente muito mais amplo, com novos povos, novas culturas, novos modos de explicar as coisas, o que exigiu a reformulação do modo de ver e pensar dos europeus. Ao mesmo tempo em que se conheciam novos povos e novas culturas, a instauração das colônias na África, na Ásia e na América propulsionou a expansão do comércio de novas mercadorias, como sedas, especiarias, açúcar, milho, tabaco e café. O comércio expandiu-se não apenas entre as metrópoles e as colônias, mas também entre os países europeus, em uma escala nunca antes vista. Nasciam, então, a possibilidade de um mercado muito mais amplo e o enfrentamento da diferença entre os seres humanos.

Nesta obra, o destaque para navegações, expedições e posteriores colonizações é dado justamente porque foi o momento no qual europeus confrontaram-se radicalmente com outros povos, outras pessoas. Ao buscar expandir suas fronteiras e seus comércios, imaginavam os seres além-mar, mas jamais previram as gigantes diferenças com que foram confrontados, ao ponto de questionar e, frequentemente, negar a natureza humana dos outros povos. Nesse processo, ocorreu um longo debate na Igreja Católica sobre a existência ou não da alma entre os indígenas e negros que habitavam o novo mundo. Por meio desses debates, segundo Colaço (2000, p. 98), registra-se, por volta de 1537, a primeira encíclica encaminhada aos povos indígenas americanos. O Papa Paulo III declarava os indígenas livres e capazes de compreender a fé cristã. A perplexidade ante as enormes diferenças entre o mundo ocidental e os "outros" mundos assustou a todos, do "velho" ou do "novo" mundo. Como bem sabemos, as relações entre os povos foram e ainda são marcadas pela violência. No entanto, esse encontro dramático exigiu que se começasse a pensar sobre as diferenças entre povos e culturas. Não existiam apenas ideias hipotéticas – a diferença estava fisicamente presente e os homens ansiavam por respostas. A antropologia como ciência surgiu posteriormente, mas foi esse momento histórico a pedra fundamental de nossa disciplina: De que forma é possível pensar as diferenças? Como explicá-las?

A primeira reação em resposta a essas perguntas foi simples. Explicamos existências diferentes das nossas com base naquilo que conhecemos, que vivemos. Nesse contexto, apontamos para a compreensão de um conceito muito importante para o pensamento antropológico: o etnocentrismo. Segundo Rocha (1988, p. 7): "Etnocentrismo é uma visão do mundo onde o nosso próprio grupo é tomado como centro de tudo e todos os outros são pensados e sentidos através dos nossos valores, nossos modelos, nossas definições do que é a existência". O autor cita dois planos de compreensão, um racional e outro afetivo. No plano das ideias, o etnocentrismo se caracteriza pela dificuldade de pensar as diferenças humanas; no plano dos sentimentos, temos medo, somos hostis, como se as diferenças do outro estivessem colocando as minhas convicções em cheque. Em geral, temos medo daquilo que não nos é familiar. O etnocentrismo é um fenômeno que existe em diversos grupos e sociedades. Infelizmente, também não é algo do passado, é uma ideia extremamente presente.

Vamos refletir por meio de um exemplo de hábito alimentar. Na China, na Coreia do Sul e em alguns outros países asiáticos, o consumo de carne de cachorro é uma tradição antiga, e essa carne é considerada uma iguaria muito saborosa. Após a pandemia do Covid-19, a China proibiu o consumo deste e de outros animais, no entanto, é válido refletirmos sobre a questão dos hábitos alimentares que até pouco tempo eram considerados tradicionais naquela região. Pois bem, na nossa sociedade ou, melhor dizendo, nas sociedades ocidentais, o cachorro é um bicho de estimação, e não um animal de consumo. Muitos até dizem que o cachorro é o melhor amigo do homem. Quando pensamos no hábito dos asiáticos de consumo do cachorro como alimento, é comum sentirmos certa aversão, pena do animal e, automaticamente, julgarmos esses povos como pessoas pouco humanas, insensíveis ou até desequilibradas.

Os defensores dos direitos dos animais denunciam o que consideram uma prática cruel. Afinal, os animais são criados para o consumo, enjaulados e mortos em abatedouros. Sabemos pouco sobre como os consumidores de carne de cachorro respondem a essas críticas. No entanto, temos ciência do essencial para a reflexão proposta: primeiro, existe uma forte crítica à interferência estrangeira em tradições locais; segundo, os animais são mortos de maneira humana e respeitável, e essa prática não é nem mais nem menos cruel do que comer carne de frango, porco e boi.

Pensemos sobre o exemplo citado. A primeira sensação é uma espécie de choque. Vivenciamos uma experiência de choque cultural, pois, em **nossa** sociedade, esses animais não são utilizados para o consumo; ao contrário, cachorros são os **melhores amigos** do homem, como se afirma. Ou seja, todos do **nosso** grupo social compartilham a ideia e o sentimento de que cachorros são animais de estimação, seres que nos fazem companhia, e não animais para consumo. Essas são as **nossas** crenças, **nossos** costumes, **nossa** forma de ver o mundo. No entanto, os asiáticos também têm as crenças **deles**, os costumes **deles**, as formas de ver o mundo que lhes são próprias, que são diferentes das nossas. Quando as **nossas** formas de ver entram em confronto com a **deles**, acontece o choque cultural.

Mas o que exatamente significa o choque cultural? Significa que as diferenças culturais foram constatadas e foram expostas, e a tendência é de que analisemos tais diferenças por meio de um olhar etnocêntrico, ou seja, que tomemos o nosso modo como o correto, o justo, o superior. Quem nunca escutou a afirmação que "os indígenas são pouco evoluídos, são primitivos"?

Ao constatarmos as diferenças, questionamos as nossas próprias verdades, a nossa própria identidade, pois aprendemos que nossa visão de mundo é a única, a melhor, a natural, a superior, e as outras são automaticamente hierarquizadas como *anormais, inferiores, primitivas*. Devemos lembrar que o etnocentrismo não é uma característica apenas das sociedades ocidentais; ele existe em quase todos os grupos sociais humanos. No entanto, as sociedades ocidentais utilizaram e utilizam ainda sua percepção de superioridade para conquistas territoriais e destruição de povos e grupos tomados como diferentes. Ao se considerar melhor, superior, no que diz respeito à cultura, à civilização e ao progresso, os outros são sempre atrasados, pouco evoluídos. Percepções etnocêntricas carregam consigo a violência de que o outro não pode falar sobre si mesmo, pois está errado de princípio ou simplesmente não tem capacidade de discernimento.

Convivemos diariamente com situações que reforçam a nossa própria visão de mundo, o nosso jeito, os nossos costumes. Um outro exemplo é a representação que fazemos dos moradores das áreas rurais nos livros infantis ou gibis. Trata-se apenas de estereótipos que são constantemente reforçados nas quadrilhas de festa junina. Os tais caipiras são utilizados para que nós, moradores das cidades, reafirmemos, por oposição, nosso *status* de educados, de civilizados ante os "ignorantes" das áreas rurais, pois, fruto de um pensamento colonizador, estes são ligados às populações indígenas ou de ascendência africana, ou mesmo oriundos de miscigenações. Assim, somos modelos, exemplos de formas "corretas" de ser humano. Vejamos: o etnocentrismo transforma as diferenças humanas em preconceitos, que podem integrar de maneira estrutural a organização de determinada sociedade, a exemplo do racismo no Brasil.

No entanto, não estamos perdidos. As descobertas das diferenças em relação ao mundo ocidental têm como primeira reação o etnocentrismo, mas não só isso. Em meio a tantas transformações e descobertas, no início da grande Revolução Industrial surgiu também uma ideia que se contrapunha ao etnocentrismo, a relativização, também conhecida como *relativismo cultural*.

> O etnocentrismo transforma as diferenças humanas em preconceitos, que podem integrar de maneira estrutural a organização de determinada sociedade, a exemplo do racismo no Brasil.

O que é *relativizar*? É buscar compreender as diferenças não por meio de hierarquias, do superior e do inferior, do certo e do errado, mas ver a diversidade humana pela sua positividade, perceber a riqueza existente nas diferenças entre grupos e culturas. O entendimento das diferenças deve ser pautado nas vivências que fazem parte daquela dita cultura, e não nos valores da nossa sociedade. *Relativizar* é entender as diferenças com base em suas próprias relações. É deixar de lado, por alguns momentos, os valores de nossa própria sociedade e tentar entender o outro: Qual o sentido que esse outro dá para sua vida? Quais valores ele aciona para explicar sua própria realidade? O que ele tem a dizer sobre sua vida e seus valores?

Esse é o exercício de relativização que se deu ao longo de reflexões, também provocadas pelo contato com o outro, em um processo que constituiu a antropologia como campo científico e que ocorreu, especialmente, pelo desenvolvimento de seus procedimentos metodológicos, da observação e da comparação, bem como pelo trabalho de campo e pela etnografia, temas que trataremos ao longo dos capítulos deste livro.

[1.2]
A ciência

Esta é nossa ciência, a antropologia. Entre as ciências humanas, temos aquela que estuda as diferenças entre várias culturas, povos e grupos sociais: a antropologia social. Esta surgiu do encontro do mundo ocidental com "outros" mundos, das "descobertas" feitas pelos europeus. Nasceu do encontro e do etnocentrismo, mas buscou superá-lo ao longo de sua história – e ainda procura superar as explicações do senso comum sobre a diversidade humana. Como seres humanos, a antropologia nos entende com características biológicas e comportamentais em comum, no entanto, busca explicar como vivemos de formas tão diferentes. É um esforço de compreensão das diferenças que compara as diversas formas de ver o mundo sem que nenhuma delas seja a "correta". Essa é a antropologia, nossa disciplina, que constitui o desenvolvimento de um conjunto de ideias que explicam as diferenças entre grupos, sociedades e culturas.

Quadro 1.1 – Etnocentrismo e relativismo

Etnocentrismo	Relativismo
Julgamento de valor da cultura do outro que tem como parâmetro a cultura do seu próprio grupo (do eu).	Busca da compreensão do outro com base nos próprios parâmetros desse outro. Não julgar pelo que eu penso.
Compreensão do outro não apenas como inferior, mas como um inimigo, o que justificaria, inclusive, todas as formas de violência.	Compreensão do outro pela positividade. As diferenças são riquezas humanas.
Inferiorização ou mesmo negação do outro, da autonomia de contar sua própria história, de expressar os seus pensamentos sobre sua vida.	Autonomia e voz para o outro. Escutar sua história, sua forma de ver o mundo.

A primeira teoria nascida na antropologia que buscava explicar as diferenças é denominada *evolucionismo social*. Após os grandes choques culturais decorrentes dos encontros com a diferença, os séculos XVIII e XIX foram marcados historicamente pelas primeiras ideias e sistematizações ditas *científicas* destes encontros com a diferença. Em síntese sobre este período podemos dizer: existem seres humanos tão diferentes porque cada grupo social tem um diferente "grau" de evolução. A ideia de evolução tem no livro *A origem das espécies*, de Darwin, sua principal fonte. Nesse conceito, haveria sociedades e grupos em estágios mais ou menos adiantados, mais ou menos atrasados. A proposta explicativa caiu como uma luva para a Europa Ocidental, afinal, a tal régua que mede a evolução é o próprio Ocidente. O resultado disso foi a permanência do etnocentrismo, que toma a sociedade do "eu" como o estágio mais adiantado dessa etapa evolutiva e a sociedade do outro como o estágio mais atrasado.

As concepções ocidentais de progresso, evolução e avanço no tempo são as pedras fundamentais sobre as quais a história da humanidade se baseia. Nesse caminho único e não regressivo é que se explicam as diferenças, portanto, existiriam os desenvolvimentos superiores e os inferiores. Segundo essa teoria, a humanidade iniciou-se em estágios muito primitivos, no entanto, com o tempo, evoluiu permanentemente para civilizações mais avançadas.

Quadro 1.2 – "Primeiros" antropólogos e suas origens

Antropólogo	País de origem
James George Frazer (1854-1941)	Escócia
Edward Burnett Tylor (1832-1917)	Inglaterra
Lewis Morgan (1818-1881)	Estados Unidos

Mesmo não sendo precisos, comparados aos pensadores anteriores, os evolucionistas avançaram no sentido de reafirmar a humanidade de todas as pessoas, com todas as suas diferenças. Para eles, então, temos uma origem comum e avançamos para o mesmo ponto, sempre na direção daquilo que chamam de *progresso*. No entanto, essa caminhada é diferente para cada grupo social e, por isso, há alguns que estão "atrasados" e outros, "adiantados". É o que chamam de *diversos estágios evolutivos*, entre os quais três foram identificados: primitivos, bárbaros e civilizados.

Mas qual régua mede a cultura de cada povo? O que determina que os indígenas brasileiros sejam classificados como *selvagens* e os portugueses, como *civilizados*? A escolha dos critérios que poderiam medir o avanço ou o atraso de uma sociedade se deu com base no conceito de cultura de Edward Tylor. Tylor (2009, p. 69) define *cultura* como "aquele todo complexo que inclui conhecimento, crença, arte, moral, lei, costume e quaisquer outras capacidades e hábitos adquiridos pelo homem". Se cultura, para o autor, é o complexo de conhecimento, artes, leis, moral e outras capacidades e hábitos adquiridos pelos grupos humanos, podemos nos questionar sobre o que é arte e o que é lei? Se partirmos de um princípio relativista, sabemos que cada cultura impõe diferenças explicativas para esses conceitos. Os evolucionistas absolutizaram tais ideias, pois tomavam sua própria sociedade como parâmetro, como se as ideias de sua sociedade fossem universais. Isso fez com que eles pudessem pensar o selvagem sem conhecê-lo de perto, pois este era visto como uma fase passada deles mesmos.

Nesse contexto, temos dois marcos: no extremo inferior, os povos "primitivos" e, no extremo superior, os povos "civilizados". Cada item da cultura serve para demonstrar o percurso do primitivismo à civilização e encontrar, para as sociedades, um lugar nesse caminho. Os itens culturais faziam papel de régua com a qual se media a distância histórica entre os povos. Morgan (2009) elencou três períodos básicos da história humana: selvageria, barbárie e civilização. Não é preciso dizer que a sociedade dele mesmo ocupava o lugar destinado à mais alta civilização. Mas não seria essa uma visão etnocêntrica?

Quadro 1.3 – Evolucionismo: avanços na relativização

Civilização	Selvageria
O outro participa da mesma natureza humana que eu.	Atrasado, primitivo, selvagem ou menos evoluído, mas humano!

Nesse avanço do encontro das diferenças, o século XX trouxe para a antropologia o desenvolvimento de uma gama enorme de ideias novas que foram se contrapondo ao evolucionismo, avançando nos processos de relativização e desvelando o etnocentrismo do pensamento ocidental.

Franz Boas (1858-1942) é um pesquisador que reflete esse período. Ele foi um dos fundadores do que chamamos hoje de *difusionismo* ou *escola americana*. Boas era alemão e foi trabalhar nos Estados Unidos no início do século, influenciando toda uma geração de pesquisadores. Ele relativizou as noções evolucionistas, as ideias de cultura e história. O grande passo de Boas foi o de iniciar uma reflexão que veio a relativizar o conceito de *cultura*, em um programa no qual o evolucionismo tomava a cultura ocidental, do "eu", como absoluta e, com base em seus padrões, organizava toda uma classificação do outro (Boas, 2004).

Foi ele o primeiro a perceber a importância de estudar as culturas em suas particularidades. Cada grupo produzia, por suas condições históricas, climáticas e linguísticas, uma determinada cultura que se caracterizava, então, por ser única, específica. Esse relativismo cultural, essa pluralidade de culturas diferentes, é uma ruptura importante com o evolucionismo social.

As diversas culturas humanas são vistas como relacionadas ora com o ambiente que envolve os grupos, ora com as línguas por eles faladas, ora com os indivíduos – corpo e espírito – que criam tais culturas. O outro passa a poder contar sua história, que não iria desembocar, necessariamente, na "avançada" sociedade do eu, especialmente por uma das marcas centrais da cultura ocidental: a escrita.

Em uma escola contemporânea à escola americana, o estruturalismo trata das diferenças e das alteridades pelo viés dos entendimentos históricos.

No ensaio *História e etnologia*, texto publicado originalmente em 1949, Lévi-Strauss propôs a classificação das sociedades humanas em frias e quentes, conforme os modos como esses grupos pensavam a produção de sua história com base em ideias como **continuidade** e **mudança**. Assim, as ditas *sociedades frias* seriam aquelas que não pensam a história em uma lógica linear, portanto, para o autor, não teriam história. Já as ditas *sociedades quentes* seriam aquelas que têm o tempo e a história como uma medida linear e cronológica, o que coloca a escrita como fonte de diferenciação entre essas formas de pensarmos a história.

> Para saber mais, sugerimos a edição brasileira integrada da obra:
>
> LÉVI-STRAUSS, L. **Antropologia estrutural**. São Paulo: Cosac Naify, 2008.

Com essas ideias, desenvolvem-se três grandes linhas de pesquisa, apresentadas no quadro a seguir quadro a seguir.

Quadro 1.4 – Linhas de pesquisa da escola americana

Cultura e meio ambiente	Cultura e meio ambiente estão em relação direta. Assim, o meio ambiente determina os fatores culturais. A cultura passa a ser como que uma resposta ao meio no qual o ser humano se estabelece.
Personalidade e cultura	Ruth Benedict e Margaret Mead são duas antropólogas representantes dessa linha, que instalou um diálogo entre a antropologia e a psicologia, falando sobre as formas de interação entre o indivíduo e a sociedade. Indivíduo e cultura se influenciam mutuamente.
Linguagem e cultura	Esse grupo encara a cultura privilegiando a língua nela falada como o instrumento determinante para o seu entendimento. Busca o debate entre a antropologia e a linguística.

Sabemos hoje que não é possível explicar as culturas e as sociedades reduzindo-as às partes que compõem o todo. Portanto, explicar as diferenças humanas apenas por uma de suas variáveis não cabe no pensamento antropológico atual. A maior crítica que se faz à escola americana é justamente seu reducionismo: limita a análise ao buscar explicar o todo, ou seja, a cultura, por uma de suas partes, a personalidade, a linguagem ou o meio ambiente.

Se, para o evolucionismo, a história era uma única para toda a humanidade, todos caminhavam em um mesmo sentido, que era o do progresso, da evolução. Assim, cada sociedade acumularia o progresso, desde o primitivo até o civilizado. Os difusionistas propunham o estudo de uma história concreta de cada cultura particular, específica.

No entanto, ao se relativizar e conceber a história de uma forma plural, na qual existem várias histórias, e não apenas uma (a ocidental), avançam muito as formas antropológicas de entender os povos e as culturas. Também é introduzida uma característica comum às teorias antropológicas: a **interface** com outras ciências, com outras formas de explicar as realidades humanas.

[1.3]
As antropologias

A passagem do século XIX para o século XX consolidou a antropologia como a ciência que explica a diversidade humana. Inúmeras escolas de pensamento, autores e teorias se desenvolveram nesse período.

O funcionalismo, uma dessas teorias, compara o sistema social ao corpo humano: um organismo complexo que tem a vida como um fluxo permanente que o habita. A vida é um constante processo, o processo vital, de permanência obrigatória para a manutenção do organismo. Esse organismo tem uma estrutura óssea, tecidos e fluidos etc. A função correlaciona o processo vital e a estrutura orgânica – o coração tem a função de bombear o sangue através do corpo, por exemplo. Nas sociedades ou nos grupos sociais, algumas instituições desempenham uma função crucial na manutenção dos processos e das estruturas sociais. Se tais funções forem supridas, as sociedades não morrem – assim como ocorre com o corpo – e também se modificam profundamente.

Um dos fundadores do funcionalismo foi o pensador Émile Durkheim (1858-1917), comumente citado como o principal arquiteto da ciência social moderna e pai da sociologia. Para ele, o social não se explica pelo individual. Os fatos sociais são externos, autônomos e não podem ser definidos pelas consciências individuais. O pensador mostra que o social tem uma particularidade que não se confunde com a soma dos indivíduos.

> Para Durkheim, o social não se explica pelo individual. Os fatos sociais são externos, autônomos e não podem ser definidos pelas consciências individuais. O pensador mostra que o social tem uma particularidade que não se confunde com a soma dos indivíduos.

Como vimos anteriormente, as discussões sobre o papel da história permearam tanto os evolucionistas quanto os difusionistas, mesmo que tratassem do tema de forma bastante distinta. Alfred Radcliffe-Brown (1881-1955) discordou dessa vinculação entre a compreensão do presente de uma cultura e o estudo do seu passado. Ele afirmava que o presente não precisa ser necessariamente explicado pelo passado. "Em termos [...]

técnicos, a sincronia (presente) não está submetida à diacronia (história)" (Radcliffe-Brown, citado por Rocha, 1988, p. 24).

Assim, Radcliffe-Brown (1989) alegou que não precisamos remontar todo o passado histórico de uma cultura para compreendê-la. Ao fazer essa opção, o autor e a antropologia se desvinculam da história, em sua perspectiva diacrônica, e partem para o estudo das diversidades sem a necessidade de ter que sempre remontar o passado do grupo estudado. Isso é uma relativização, pois, se pensarmos bem, veremos que a preocupação com a história é das sociedades ocidentais. Nem todas as sociedades valorizam o tempo linear, histórico, e utilizam a história para explicar sua existência.

As representações produzidas pela antropologia sobre as noções de natureza e cultura se formaram em um contexto marcado pelo esforço coordenado de várias instituições e linhas de pesquisa. Perspectivas estruturais, históricas e culturais buscam superar explicações de ordem naturalista, defendendo uma análise que possa aprofundar nossos conhecimentos sobre as relações entre sociedade e natureza. Por exemplo, segundo Viveiros de Castro (2002), esse empenho reflete o mau desenvolvimento de uma imagem tradicional da Amazônia. As pesquisas de ordem naturalista utilizam categorias de integração socioculturais combinadas com uma teoria da ação determinante do ambiente sobre a cultura de cada sociedade. Os autores que defendem tais concepções estabeleceram um modelo padrão de análise:

A "tribo" típica da floresta tropical era uma pequena constelação de aldeias autônomas, igualitárias, limitadas em suas dimensões e estabilidade por uma tecnologia simples e pelo ambiente improdutivo, incapazes, portanto, de gerar o excedente indispensável à emergência da especialização econômica, da estratificação social e da centralização política presentes em áreas do continente. (Viveiros de Castro, 2002, p. 321)

> Eduardo Batalha Viveiros de Castro, professor do Museu Nacional (Universidade Federal do Rio de Janeiro, UFRJ), é um dos antropólogos brasileiros contemporâneos mais reconhecidos por sua obra em contexto nacional e internacional. Fez análises relacionadas a temáticas do que ele cunhou como *perspectivismo ameríndio*, especialmente no que tange a dicotomias criadas entre os conceitos de *natureza* e *cultura*.

Áreas com esse perfil eram concebidas como um ambiente inimigo da civilização, culturalmente atrasado e sociologicamente sem desenvolvimento ou aperfeiçoamento. Além disso, esses autores acreditam que as populações dessas áreas estariam sendo assimiladas pela lógica nacional. As ideias com uma forte carga de determinismo geográfico combinadas com evolução social seriam a base da chamada *ecologia cultural*, escola que nasceu da antropologia estadunidense.

A antropologia europeia inseriu-se nesse debate com Claude Lévi-Strauss (1908-2009), e a partir disso o estruturalismo consolidou-se como escola teórica também nos estudos ecológicos. Ao priorizar os valores cognitivos e simbólicos, Lévi-Strauss "deslocou para o interior das cosmologias ameríndias a macro-oposição conceitual entre natureza e cultura" (Viveiros de Castro, 2002, p. 322).

Os simbolistas interessados nas análises sobre parentesco, organização social e cosmologias nativas privilegiam as concepções simbólicas da natureza ordenadas com base na cultura. Viveiros de Castro (2002) acredita que houve uma reformulação da imagem tradicional dos estudos feitos principalmente na Amazônia. Para ele, a consolidação de uma antropologia teoricamente renovada segundo as formulações nativas proporcionou um ganho considerável para os estudos do estrutural-culturalismo. Primeiro, porque recusou um conceito de sociedade como entidade muito fechada e inteiramente estruturada, entendendo que em nenhum momento de sua história as sociedades estiveram isoladas, vivendo sem contatos e alterações sociais. Segundo, porque estudos recentes tendem a evitar as famosas dicotomias clássicas: natureza e cultura, materialismo e mentalismo. O próprio trabalho de Viveiros de Castro (1996) sobre o perspectivismo ameríndio recusa a distinção clássica entre natureza e cultura. Segundo ele, isso não pode ser utilizado para descrever dimensões internas de cosmologias não ocidentais sem antes passar por uma crítica rigorosa.

A tentativa, por parte dos simbolistas, é entender as determinações socioeconômicas geradas com a reciprocidade e a natureza histórica, que é socialmente construída e interage com o meio físico. Significa dar ênfase às conceitualizações nativas da natureza, que "permitem, pela primeira vez, que a expressão 'ecologia cultural' não signifique mais apenas 'aspectos ecologicamente causados da cultura', mas também 'aspectos culturalmente construídos da ecologia'" (Viveiros de Castro, 2002, p. 327).

Marshal Sahlins (nascido em 1930), em seu texto *A primeira sociedade da afluência* (1978), já havia rebatido as ideias relacionadas à escassez e ao caráter de subsistência das sociedades caçadoras e coletoras. Diz ele, diferentemente dos deterministas, que caçadores e coletores são a primeira sociedade da afluência, na qual todas as vontades materiais são satisfeitas, pois, de modo distinto da nossa sociedade, aqueles desejam pouco e, com isso, podem se satisfazer com mais facilidade. Sendo assim, dizer que tais povos têm uma economia pobre, com recursos limitados e que vivem apenas para conseguir alimento é transferir as necessidades de nossa sociedade para eles, não percebendo que essas pessoas conseguem suprir o que desejam com os meios técnicos que possuem, já que seus desejos são diferentes dos nossos. "Alguns etnógrafos provam que a busca de alimentos é tão bem-sucedida que na metade do tempo as pessoas parecem não saber o que fazer" (Sahlins, 1978, p. 17).

Logo, esses povos são livres de preocupações materiais, não têm sentimento de posse ou propriedade e não se interessam em desenvolver qualquer equipamento tecnológico que não possam carregar nas suas andanças. Se todas as necessidades e todos os objetivos propostos pelos caçadores e coletores são cumpridos, não podemos dizer que eles vivem em uma constante falta (falta comida, falta tecnologia, falta cultura). Sabemos bem que nossa sociedade se desenvolveu calcada em um discurso de evolução tecnológica, e nem por isso consegue suprir as necessidades básicas da maioria de sua população. Caçadores e coletores optaram por caçar, colher, dormir e se divertir (e para tal também desenvolveram técnicas), e é olhando para essas coisas que temos que defini-los. Aos olhos de nossa sociedade, sempre faltará algo; porém, se buscarmos uma perspectiva nativa, veremos que suas opções são outras: caçar e dormir.

A antropologia simbólica tem contribuído muito para o entendimento das relações da sociedade com a natureza. Nas últimas décadas, os estudos cresceram estrondosamente e as etnografias realizadas ajudaram a reforçar a perspectiva centrada na ideia do homem produzindo a natureza, construindo representações sobre ela, e não do homem sendo produzido pela natureza, como querem alguns. Para isso, os simbolistas centram suas análises na compreensão da filosofia social e das práticas de sociabilidade cotidiana dos indígenas. Recusam uma interpretação baseada na escassez de recursos ou na escassez social. Valorizam as relações internas do grupo local e ressaltam as relações de parentesco, deixando um pouco de lado as relações interlocais.

Carlos Fausto (nascido em 1963) parece ser um representante dessas ideias. Desenvolve um trabalho belíssimo sobre os parakanãs no livro *Inimigos fiéis: história, guerra e xamanismo na Amazônia* (2001), em que reconstitui o processo histórico pelo qual os grupos transitam da horticultura ao forrageio e do sedentarismo ao nomadismo.

> Em vez de um deserto verde, a mata para os parakanãs é um lugar de provimento seletivo da vida, cujos constrangimentos constituem um campo determinado de escolhas: escolhas entre o que comer e o que não comer, como viver e como não viver. A mobilidade de ambos os blocos não deve ser atribuída à impossibilidade de fixar-se, mas à possibilidade de se mover. (Fausto, 2001, p. 170)

Assim, podemos entender que os parakanãs escolheram viver como viveram. Não adotaram um modo de vida semissedentário por falta de alternativa, mas porque era uma das opções. É claro que o processo de colonização fechou algumas portas, porém abriu algumas janelas. Fausto (2001) chama a atenção para dois pontos extremamente importantes na nossa discussão: primeiro, que a regressão não deve ser compreendida de forma negativa, como um recuo da história; segundo, que todo esse processo complexo exige a interação de múltiplas determinações que se realizam em circunstâncias e contextos históricos particulares pela ação de agentes sociais. Por isso, não podemos tomar tais mudanças como um resultado de forças externas que determinaram uma estratégia de sobrevivência, mas como um processo de interação de múltiplas forças. "A mobilidade diferencial dos blocos parakanãs é um fato de economia política e não um fato puramente econômico ou ecologicamente determinado" (Fausto, 2001, p. 173-174).

Os chamados *etnólogos de inspiração estruturalista* estão interessados nas mútuas relações entre as sociologias e as cosmologias nativas. A guerra, o xamanismo, a caça etc. são processos de troca simbólica que atravessam inúmeras fronteiras e desempenham um papel fundamental na legitimação de uma identidade coletiva. "Esta vertente explorou os significados múltiplos da categoria da afinidade nas culturas amazônicas sugerindo seu valor de operador sociocosmológico central, e buscando determinar a tensão entre identidade e alteridade que estaria na base dos regimes sociopolíticos amazônicos" (Viveiros de Castro, 2002, p. 336). Portanto, busca articular conceitos como *história* e *cosmologia* ou *política* e *simbolismo* com as dinâmicas locais e globais responsáveis pelas trajetórias dos povos amazônicos.

É preciso, talvez, recordar que a história destes povos não começou em 1492 [...], assim como não foi somente a partir daquela data que os índios passaram de uma adaptação à natureza a uma adaptação **da** natureza [...]. Sobretudo, não se pode raciocinar como se, até aquele momento, a Amazônia indígena fosse o palco de uma trajetória evolutiva exclusivamente determinada pela interação entre tecnologia, população e ambiente, interação "natural" depois truncada pela irrupção da "história". (Viveiros de Castro, 2002, p. 341-342)

Por fim, Viveiros de Castro (1996) chama a atenção para a ideia das relações com a natureza que coloca em evidência as interações sociais e simbólicas com o mundo animal. No texto sobre o perspectivismo ameríndio, o autor se contrapõe à naturalização da distinção entre natureza e cultura e mostra que, para algumas sociedades ameríndias, a condição original comum aos humanos e aos animais não é a animalidade, mas sua essência humana. O espírito (essência humana) é o que integra todos os seres. O corpo (a roupa que usam) é o que os diferencia. Dessa forma, na visão ameríndia, a distinção entre natureza e cultura é dissolvida em nome de uma sociabilidade comum (Viveiros de Castro, 1996).

[1.4]
Caminhos metodológicos

Bronisław Kasper Malinowski (1884-1942), nascido na Polônia, é considerado um dos fundadores da antropologia social, pois seu maior instrumento de relativização foi a ênfase dada ao trabalho de campo. A conformação do trabalho de campo e, por consequência, do método etnográfico confere a Malinowski uma nova forma de fazer antropologia que ainda hoje baliza as práticas antropológicas. Corresponde a um mergulho profundo nos modos de vida de um grupo humano, no caso, a vivência com os nativos das Ilhas Trobriand nos anos de 1915-1916 e depois de 1917-1918. Os resultados desse trabalho ficaram mais conhecidos em sua obra *Os argonautas do Pacífico Ocidental*, publicada originalmente em 1922, considerada pedra fundamental para o método que caracteriza nossa disciplina: a Etnografia.

> A Etnografia constituiu, ao longo da constante elaboração da disciplina, a especificidade do campo antropológico, ou seja, é seu próprio método (assim como seu objeto de análise: o outro ou a alteridade) que a define. A etnografia, no entanto, é muito mais que o trabalho de campo (longo e intenso ou intermitente), pois este é seu material primeiro.
>
> Portanto, a própria etnografia é o resultado das elaborações do antropólogo ou do pesquisador com base nesse contato e nos dados levantados. É com a descrição etnográfica, não ela por si só, que se elaboram análises e se compõem novos quadros teóricos, e não o contrário, como é comum em outras disciplinas na área das ciências humanas. Assim, por ser constitutiva da disciplina, optamos por trabalhar as especificidades e as construções da etnografia ao longo dos capítulos.

Com base nessa pesquisa, estabeleceu-se um novo tipo de comparação entre as diferentes culturas. A comparação relativizadora que Malinowski desenvolveu sobre o Kula e as joias da coroa britânica fazem-nos refletir sobre o valor econômico e simbólico que damos aos objetos de nossa sociedade. Também mostra que, ao compreendermos os significados das diferenças, podemos compará-las. Dessa forma, as diferenças vistas em outras culturas e em outros povos podem também ser objetos, ou seja, fontes para reflexão sobre nosso próprio grupo social. Ao olhar para o outro, encontramos, reencontramos ou transformamos a nós mesmos. Essa seria uma das grandes contribuições do pensamento antropológico para a humanidade. O trabalho de campo leva o antropólogo a vivenciar a diversidade, e essa experiência é fundamental para a teoria antropológica.

Hoje, uma questão que se coloca diz respeito às pesquisas antropológicas realizadas em "campos" pouco tradicionais para uma disciplina que teve início com a clássica incursão de Malinowski nas ilhas trobriandesas. "Na mitologia da disciplina, Malinowski inventou a pesquisa de campo: na história da antropologia é significativa a legitimação que ele trouxe à pesquisa" (Peirano, 1995, p. 37). É necessário perguntarmos até que ponto a contemporaneidade cria novos aspectos passíveis de uma investigação antropológica. A princípio, podemos afirmar que a Antropologia está apta a responder aos novos questionamentos impostos tanto pela sociedade como pelo próprio desenvolvimento da disciplina. Isso porque as pesquisas antropológicas tratam da questão do outro, o único objeto intelectual segundo o qual podem ser definidos diferentes campos de investigação. Nesse sentido, Augé (1994, p. 22) afirma:

> a pesquisa antropológica trata, no presente, da questão do outro. A questão do outro não é um tema que ela encontre

ocasionalmente; ele é seu único objeto intelectual, com base no qual se deixam definir diferentes campos de investigação. Ela o trata no presente, o que basta para distingui-la da história. E ela o trata simultaneamente em vários sentidos, o que a distingue das outras ciências sociais.

A disciplina constitui-se com base em um único objeto intelectual, no entanto, constrói modos específicos de entendimento das questões – no caso discutido, questões urbanas. Diferencia-se, por meio da etnografia, da abordagem de outras disciplinas. Por exemplo, a denominação *antropologia urbana* pode ser caracterizada como o estudo de grupos sociais e suas práticas quando propriamente inscritos nas tramas da cidade, isto é, quando articulados *na* e *com* a paisagem urbana, considerados como parte constitutiva dessas práticas. Trata-se de uma antropologia **na cidade**, e não **da cidade**, pois a unidade de análise é composta de diferentes práticas, e não pela cidade como uma totalidade em si mesma (Magnani, 2002).

Para identificar essas práticas e seus agentes, Magnani (2002) propõe uma estratégia que recebeu a denominação de *um olhar de perto e de dentro*, em contraste com visões que foram classificadas como *um olhar de fora e de longe*.

> Ao partir dos próprios arranjos desenvolvidos pelos atores sociais em seus múltiplos contextos de atuação e uso do espaço e das estruturas urbanas, este olhar vai além da fragmentação que, à primeira vista, parece caracterizar a dinâmica das grandes cidades e procuram identificar as regularidades, os padrões que presidem o comportamento dos atores sociais. (Magnani, 2002, p. 25)

O autor pressupõe, também, que o antropólogo construirá objetos delimitados que tornem possível o exercício fundamental da antropologia, que é a descrição etnográfica cuidadosa (Magnani, 2002), uma narrativa detalhada e imersa nas práticas sociais dos grupos pesquisados, por meio da qual podem ser elaboradas e refinadas reflexões e análises. Devido ao distanciamento provocado pela saída de campo, podemos perceber a inserção das questões levantadas em estruturas macrossociais.

Identificar práticas sociais significa que o recorte escolhido tem de fazer sentido para os atores envolvidos e para o pesquisador, mas também que deve apontar para uma lógica que transcende o local, pois é necessário descrever e explicar os fenômenos. Como exemplo, Magnani (2002) desenvolveu categorias de análise, como *pedaço*, *mancha*, *trajeto* e *circuito*, que podem apresentar alguns possíveis recortes na paisagem urbana. Essas categorias, segundo o autor, constituem "uma gramática que permite classificar e descrever a multiplicidade das escolhas e os ritmos da dinâmica urbana não centrados na escolha de indivíduos, mas em arranjos mais formais em cujo interior se dão essas escolhas" (Magnani, 2002, p. 18).

No entanto, é necessário estar atento para não tomar como verdades ideias preconcebidas sobre os alcances de determinadas teorias na explicação de realidades locais. Nesse contexto, duas questões devem ser explícitas. A primeira diz respeito à distinção entre etnografia e teoria. É preciso abandonar definitivamente as ideias que supõem que, quanto mais abrangente o conceito, mais científico ele pode ser considerado, e que a produção de conceitos ou categorias antropológicas provoca fundamentalmente uma perda etnográfica, ou seja, necessariamente se perde o diálogo com a realidade local. Para Goldman e Lima (1999, p. 90), "seria preciso admitir que a etnografia não é um simples meio para a antropologia, uma vez que isso só lhe dá ares de ciência ao preço de uma perda etnográfica, ao preço de generalizações mais ou menos fáceis e vazias". Já a segunda questão se refere às comparações e às generalizações, as quais, em trabalhos antropológicos, não produzem, necessariamente, melhores pesquisas ou pesquisas mais científicas. São interessantes e fundamentais para o desenvolvimento teórico e metodológico da disciplina, no entanto, geralmente os termos colocados em oposição são tratados como unidades e construídos segundo procedimentos que tomam a parte pelo todo. Ainda conforme Goldman e Lima (1999, p. 90), desse procedimento resultam, simultaneamente, os universais e as partilhas, pois "sempre haverá algo em 'nós' que não pode ser dissolvido na natureza humana; nunca haverá nada entre 'eles' que pareça suficientemente específico para não se apagar na identidade de todos eles".

A possibilidade de comparação e generalização não pode ser eliminada do projeto antropológico; apenas é necessário compreendermos que cada pesquisa é única, pois cada campo revela algo de novo ao pesquisador. Nesse sentido, Peirano (1995, p. 41-42) afirma:

> A obra de um antropólogo não se desenvolve, portanto, linearmente; ela revela nuanças etnográfico-teóricas que resultam não apenas do tipo de escrita que sempre foi "energizada pela experiência do campo" (para não perder a referência a Nicholas Thomas), mas também do momento específico da carreira de um pesquisador,

em determinado contexto histórico e a partir de peculiaridades biográficas.

Disso podemos detectar duas questões fundamentais e indissociáveis. A primeira é que o texto etnográfico é produto do acúmulo teórico da disciplina em diálogo com as novas questões apresentadas pelo antropólogo em um contexto etnográfico específico. Essas novas questões dependem, fundamentalmente, do contexto local no qual foram produzidas e da capacidade do pesquisador de apreender essa realidade, visto que essa capacidade depende muito do aprendizado adquirido na academia, e não propriamente no campo. Isso mostra que, na antropologia, existe uma relação forte entre teoria e pesquisa de campo, pois a pesquisa é o meio pelo qual a teoria se desenvolve. Peirano (1995, p. 44-45) sintetiza essas questões em quatro pontos fundamentais:

1º o processo de descoberta antropológica resulta de um diálogo comparativo, não entre pesquisador e nativo como indivíduos, mas entre a teoria acumulada da disciplina e a observação etnográfica que traz novos desafios para ser entendida e interpretada. [...]
2º não há cânones possíveis na pesquisa de campo [...]. Na antropologia a pesquisa depende, entre outras coisas, da biografia do pesquisador, das opções teóricas da disciplina em determinado momento, do contexto histórico mais amplo [...];
3º na medida em que se renova por intermédio da pesquisa de campo a antropologia repele e resiste aos modelos rígidos. [...] Tal fato não a impede, contudo, de se constituir em um conhecimento

disciplinar, coletivo portanto, socialmente reconhecido e teoricamente em transformação;

4º consciente ou não, cada monografia/etnografia é um experimento.

Considerando este último ponto, a própria autora provou, quando produziu uma releitura da etnografia de Turner, que o bom texto etnográfico foi sempre um experimento que possa sustentar uma reanálise (Peirano, 1995).

Assim como Peirano (1995), Goldman e Lima (1999) sustentam que comparações e generalizações são necessárias, mas acreditam que elas devam estar submetidas a duas condições. A primeira diz respeito ao erro de supor que é a comparação que funda a generalização. Os autores afirmam justamente o contrário: ao investirmos nos detalhes das categorias culturais nativas, o projeto comparativo ganha sentido. A segunda condição reforça a perspectiva pluralista da antropologia, pois, segundo os autores, "o pluralismo estimula as comparações, mas exige que o confronto seja efetuado entre práticas e concepções reais e precisas, isoladas a partir do estudo etnográfico minucioso de **qualquer** sociedade" (Goldman; Lima, 1999, p. 91, grifo do original).

Por fim, o crescente interesse pelas novas formas sociais, pelos novos modos de sensibilidade ou pelas novas instituições que podem aparecer como características da contemporaneidade atual representam a atualidade do pensamento antropológico. Devemos estar atentos às questões apontadas e aos problemas que afetam as grandes categorias de análise. No entanto, isso não constitui um problema sem solução, ao contrário, é apenas o reflexo de uma tradição disciplinar que tem um princípio questionador. Como cita Augé (1994, p. 41-42):

> podem-se tranquilizar antecipadamente aqueles apaixonados pelos fenômenos estudados pela antropologia (da aliança à religião, da troca ao poder, da possessão à feitiçaria): eles não estão perto de desaparecer, nem na África nem na Europa. Mas farão sentido novamente (farão novamente o sentido) com o resto, num mundo diferente cujas razões e desrazões os antropólogos de amanhã terão que compreender como hoje.

Devemos estar atentos às questões apontadas e aos problemas que afetam as grandes categorias de análise. No entanto, isso não constitui um problema sem solução – ao contrário, é apenas o reflexo de uma tradição disciplinar que tem um princípio questionador.

Síntese

O capítulo que abre esta obra teve como propósito apresentar, de maneira didática, as discussões iniciais que conformaram a antropologia como disciplina científica.

Percorremos os caminhos que levaram à elaboração de suas metodologias ao definirmos conceitos centrais como *etnocentrismo, relativismo, etnografia* e *trabalho de campo*.

Ao tratarmos de suas principais escolas, trouxemos dados acerca do desenvolvimento da disciplina desde suas perspectivas teóricas até seus contextos etnográficos e sua pluralidade de pensamento.

Indicações culturais

LEWIS, R. **Por que almocei meu pai**. Tradução de Celso Nogueira. São Paulo: Companhia das Letras, 1993.

O livro conta a história de Ernest, um jovem homem-macaco do período Pleistoceno Médio que tem um pai, Eduard, genialmente envolvido pelas ideias da evolução e do desenvolvimento das espécies.

O ELO perdido. Direção: Régis Wargnier. Inglaterra/França/África do Sul, 2005. 122 min.

O filme trata dos estudos de antropólogos que tentavam provar, no final do século XIX, a teoria do evolucionismo social. Pigmeus são capturados na África e levados para a Escócia e mais tarde colocados em zoológicos. Seriam eles o elo perdido entre os macacos e os humanos? A violência da temática é bem representativa das questões da época.

OS MANOS de Alá. Direção: Luiz Carlos Pereira Lucena. Brasil, 2011. 54 min. Documentário.

Esse documentário trata da conversão de jovens de periferias de São Paulo, especialmente aqueles ligados ao movimento *hip hop*, ao islamismo. É uma obra interessante para pensarmos as diferenças em nossa própria cultura e elaborarmos reflexões sobre as possibilidades de fazer antropologia "em casa".

ROGNON, F. **Os primitivos, nossos contemporâneos**. Tradução de Cláudio César Santoro. Campinas: Papirus, 1991.

O livro reflete sobre os primeiros momentos da ciência antropológica, principalmente em relação à abordagem da temática da alteridade. Além disso, apresenta comentários sobre as obras mais conhecidas de Engels, Castres, Lévi-Strauss, Freud, Mauss e Malinowski.

VÊNUS negra. Direção: Abdellatif Kechiche. Bélgica/França/ Tunísia, 2010. 159 min.

O filme conta a história de Saartjie Baartman, uma mulher sul-africana da etnia hotentote que deixa a África do Sul rumo à Europa e vai trabalhar em um circo, no qual se vê obrigada a exibir seu corpo "exótico" para os europeus.

Atividades de autoavaliação

1] A antropologia como disciplina científica é resultado de fatores históricos que transformaram a Europa Ocidental e concretizaram-se a partir do século XIX. Qual era o contexto da época? Marque a opção **incorreta**:
   a) As grandes navegações e o comércio ultramarino empreendidos pelos europeus.
   b) A formação dos Estados nacionais tais como compreendemos hoje.
   c) As reformas protestantes.
   d) O início do desenvolvimento científico e tecnológico moderno.
   e) O período caracterizado como *Idade das Trevas*, expressão bastante utilizada para se referir à *Idade Média*.

2] Em resposta ao etnocentrismo, a antropologia construiu a ideia de relativismo cultural, o qual aponta para:
   a) a afirmação da construção de uma verdade absoluta sobre a vida de outros grupos e outras culturas.
   b) a negação do reconhecimento da diferença.
   c) a possibilidade de mediar, por meio do reconhecimento, as diferenças entre grupos e culturas.

d) o reconhecimento parcial das diferenças; aceita-se aquilo que é identificado como igual.
e) Nenhuma das alternativas anteriores está correta.

3] Sobre o evolucionismo social, avalie as afirmações a seguir:
1) Foi a primeira corrente teórica da antropologia, a partir da qual surgiram os primeiros processos de relativização.
2) Os evolucionistas tinham uma visão etnocêntrica do outro, classificando-o como *atrasado* e *primitivo*.
3) O outro foi classificado pelos evolucionistas como *atrasado*, *primitivo* ou *selvagem*. Isso significa a negação da humanidade desse outro.
4) O grande mérito dessa corrente que inaugurou o pensamento antropológico é o reconhecimento da humanidade de todos os seres humanos.

Agora, marque a alternativa que apresenta a resposta correta:
a) As afirmações 1 e 2 são verdadeiras.
b) As afirmações 2 e 3 são verdadeiras.
c) Somente a afirmação 3 é verdadeira.
d) As afirmações 1, 2 e 4 são verdadeiras.
e) Somente a afirmação 4 é verdadeira.

4] O século XX trouxe para a antropologia um conjunto vasto e complexo de novas ideias, as quais foram, aos poucos, destruindo o etnocentrismo da disciplina. Franz Boas é um pesquisador que reflete esse período. Ele fundou o que chamamos hoje de *escola americana*. Assinale a alternativa que melhor corresponde às linhas de pesquisa dessa escola:

a) Cultura e meio ambiente; personalidade e cultura; linguagem e cultura.
b) Antropologia urbana; antropologia rural; etnologia.
c) Gênero e sexualidade.
d) Estudos culturais e diversidade.
e) Pós-modernidade e estudos pós-coloniais.

5] Sobre o trabalho de campo realizado na antropologia, indique a afirmação **incorreta**:
a) Malinowski é considerado um dos fundadores da antropologia social, pois seu maior instrumento de relativização foi a ênfase dada ao trabalho de campo.
b) O trabalho de campo leva o antropólogo a vivenciar a diversidade, e essa experiência é fundamental para a teoria antropológica.
c) O trabalho de campo corresponde a um mergulho profundo nos modos de vida de um grupo humano, no caso, a vivência com os nativos.
d) O trabalho de campo pressupõe o afastamento do grupo pesquisado, buscando a compreensão daquela realidade somente por meio de pesquisas bibliográficas.
e) O trabalho de campo é um dos grandes destaques da tradição antropológica.

Atividades de aprendizagem

Questões para reflexão

1] Com base nas explicações do texto e em pesquisas adicionais em textos históricos, procure identificar as raízes evolucionistas do lema da bandeira brasileira: *Ordem e Progresso*.

2] Como a ideia evolucionista da biologia transposta para as ciências sociais condicionou a visão dos europeus sobre as sociedades não europeias com as quais eles entraram em contato a partir do expansionismo imperialista?

Atividade aplicada: prática

1] Na biblioteca mais próxima, consulte pelo menos três exemplares de livros didáticos de História do ensino fundamental. Analise como o indígena brasileiro é apresentado em cada obra pesquisada e, em seguida, produza um pequeno texto que relacione as imagens dos livros com o conteúdo do evolucionismo.

As fronteiras atravessaram-se entre nós
[Capítulo 2]

Que antropólogo poderia deixar de levar em consideração a chamada *escola pós-moderna*? Adeptos ou não, algumas questões colocadas pela pós-modernidade em antropologia parecem ter se constituído como "verdades" antropológicas. Marcada pelo pensamento hermenêutico da interpretação, é na escola pós-moderna que temas caros à disciplina – como a autoridade do antropólogo no trabalho de campo e na escrita – são questionados e desenvolvem-se alternativas aos modos, dados nessa altura como clássicos. A década de 1980 estava em seus primeiros anos e já não era mais possível fazer antropologia como se fazia há 20 anos. As mudanças pelas quais passou a ciência não se devem apenas e exclusivamente à introdução da chamada *corrente pós-moderna*, mas é necessário dizer que esta teve um papel fundamental na constituição do que entendemos hoje por *antropologia*.

O projeto da antropologia moderna está inserido em um contexto mais amplo de discussão científica próprio de sua época. Esse projeto, avaliado sob a perspectiva atual, é caracterizado pelos pós-modernos como tendo o intuito de garantir a objetividade científica, ao mesmo tempo em que busca neutralizar ou ocultar as formas pelas quais os processos de conhecimento da realidade do outro foram construídos. Para os pós-modernos, no modelo clássico de etnografia, o outro só existe pela voz do antropólogo, pois é este que descreve a realidade nativa. No entanto, ele se ausenta de discussões sobre sua inserção no campo e sobre o contexto da produção etnográfica. Disso decorre que a fragmentação da experiência etnográfica, própria do método antropológico de fazer pesquisa, torna-se um todo coerente e integrado no texto. Ainda nessa perspectiva, o que era para ser um diálogo (antropólogos e nativos) se tornou um monólogo, no qual só a voz do antropólogo pode ser ouvida. A interação, projeto maior da antropologia, vira descrição, anulam-se as relações interpessoais e generaliza-se a voz do outro.

A pós-modernidade em antropologia propõe-se a reinventar basicamente dois aspectos da antropologia clássica. O primeiro é relativo ao texto propriamente dito, ou seja, os antropólogos não podem legitimar seus textos pela observação participante ao mesmo tempo em que negam essa experiência no texto, apresentando apenas as suas reelaborações, mas as descrevendo como totalidades autônomas e integradas. O segundo aspecto diz respeito ao que convencionamos chamar de *crítica cultural*, que basicamente pode ser definida como a introdução de uma perspectiva crítica em relação às culturas estudadas e à cultura do próprio antropólogo.

Posto isso, pretendemos apresentar algumas discussões sobre os aspectos anteriormente citados, mais especificamente sobre a produção do texto etnográfico e a crítica cultural. Logo, este tópico está dividido em três partes: uma breve discussão, que apresentará alguns aspectos da antropologia moderna como disciplina científica; algumas críticas pós-modernas e as alternativas propostas; um balanço geral das propostas da pós-modernidade e possíveis interlocuções desenvolvidas nos anos posteriores ao surgimento dessa corrente.

[2.1]
Antropologia moderna como disciplina científica

Fazer uma caracterização da antropologia moderna como disciplina institucionalizada requer algum tipo de recorte, visto que o período abrange as duas décadas do século XIX até, aproximadamente, o fim do século XX. O objetivo não é dar conta de todo esse processo histórico, mas sim compreender algumas das questões postas durante o desenvolvimento teórico e metodológico da disciplina. Ou seja, abordaremos, especificamente, como as principais correntes teóricas da antropologia – *funcionalismo britânico, escola sociológica francesa* e *culturalismo norte-americano* – constroem seus textos baseados nos modelos de cientificidade próprios de sua época. Essas três correntes teóricas ou escolas são assim denominadas devido a sua consagração na história da disciplina e ajudam a identificar os antropólogos por meio de suas linhas teóricas. A caracterização tem fins meramente ilustrativos, visto que o objetivo deste texto não é analisar em profundidade tais correntes teóricas, e sim apenas apresentá-las para ilustrar uma discussão posterior.

Essas três escolas do pensamento antropológico, apesar de originárias de diferentes tradições intelectuais (Grã-Bretanha, França e Estados Unidos), conservam a característica comum de estarem inseridas no paradigma racionalista próprio de sua época. Assim, independentemente das diferenças (não é possível negar que são muitas), tinham o objetivo de constituir e/ou fortalecer a antropologia como disciplina científica. Da perspectiva da disciplina científica, a antropologia moderna partilhou das ideias de razão e objetividade que caracterizavam a ciência ocidental. Oliveira

(1988) define as escolas como *paradigmas da ordem*, uma vez que a temática da ordem está presente nos estudos promovidos por elas. As pesquisas orientadas por esse paradigma domesticavam elementos como a história, a subjetividade e o indivíduo, buscando incorporá-los a uma lógica de cientificidade e racionalidade.

Um exemplo significativo do paradigma apontado por Oliveira (1988) pode ser claramente percebido em *Bruxaria, oráculos e magia entre os Azande*, de Evans-Pritchard (2005). Nesse livro, podemos perceber o esforço que o autor faz para demonstrar que ele, como antropólogo, está buscando o entendimento por meio do ponto de vista nativo, a lógica do sistema de crenças zande. Demonstra que as crenças que envolvem bruxarias estão diretamente relacionadas e formam um único sistema que abrange vários campos da vida social nativa. Presente em todas as atividades dos Azande, o cotidiano nativo está permeado pela bruxaria. O sistema de crenças atua, desse modo, conforme sua coerência interna. Uma de suas principais consequências é o fato de que todo infortúnio supõe ação da bruxaria e, por isso, sempre existe uma pessoa específica como produtora de tais males. Segundo Evans-Pritchard (2005), trata-se de um conjunto lógico de crenças cuja função primordial é garantir a continuidade do funcionamento adequado da sociedade.

Além disso, o autor ressalta que a magia é a linguagem de expressão dos conflitos, um idioma, e, portanto, é o lugar privilegiado no qual se explicam praticamente todos os tensionamentos que surgem entre os Azande, ao mesmo tempo em que apresenta os instrumentos para a sua resolução. Assim, a magia trabalha as tensões do cotidiano, garantindo a manutenção do equilíbrio na estrutura social.

Logo, como mencionamos, apesar do inegável brilhantismo da obra citada de Evans-Pritchard, podemos enquadrar o conceito no chamado *paradigma da ordem*, de Oliveira (1988). A história (como marcador de desordem) do povo zande não é sequer mencionada. Os Azande são apresentados no texto como isolados, desprovidos de subjetividade e individualidade. Evans-Pritchard constrói seu texto de modo a demonstrar que sua preocupação é construir um discurso científico, lógico, sobre as crenças zande. Assim, a busca da ordem e da racionalidade é mantida, conforme assinalou Oliveira (1988).

Ainda no desenvolvimento histórico da disciplina, podemos apontar uma quarta escola, a chamada *antropologia interpretativa* (Estados Unidos). Essa escola nega o discurso cientificista exercitado pelos outros três paradigmas e busca reformular os elementos que haviam sido domesticados pelo paradigma da ordem. Conforme Oliveira (1988, p. 64):

> A subjetividade que, liberada da coerção da objetividade, toma sua forma socializada, assumindo-se como intersubjetividade; o indivíduo, igualmente liberado das tentações do psicologismo, toma sua forma personalizada (portanto, o indivíduo socializado) e não teme assumir sua individualidade; e a história, desvencilhada das peias naturalistas que a tornavam totalmente exterior ao sujeito cognoscente, pois dela se esperava fosse objetiva, toma sua forma interiorizada e se assume como historicidade.

A história, a subjetividade e o indivíduo aparecem na escola interpretativista reformulados e podem atuar como fator de desordem se considerados à luz do que se convencionou chamar de *antropologia moderna* ou *antropologia tradicional*.

Além disso, é possível afirmar que a antropologia interpretativa rompe com o paradigma tradicional da pesquisa antropológica. No entanto, essa escola é fruto de sua época e, por isso, mantém relações teóricas e metodológicas com as escolas anteriormente mencionadas.

Para Geertz (2008), a tarefa do antropólogo é construir uma leitura sobre a realidade pesquisada. Os textos antropológicos são interpretações, leituras construídas, e estas não devem estar dissociadas das pessoas ou dos lugares específicos nos quais foram produzidas. Isso tornaria as interpretações vazias, pois seus significados remetem-se diretamente ao local em que foram produzidas.

Os interpretativistas entendem a cultura como um contexto no qual o antropólogo busca compreender e descrever formas inteligíveis. No entanto, a busca por descrever formas inteligíveis, ou seja, a construção de uma etnografia, só é possível se estiver inserida em uma metodologia que é própria da antropologia, nesse caso, entendida como um corpo teórico e metodológico de pesquisa científica. Dessa forma, a etnografia é uma interpretação que parte de um sistema em desenvolvimento de análise científica. É uma interpretação antropológica, pois são os antropólogos que a fazem, e estes estão submetidos a um sistema de normas e prescrições próprias de sua disciplina. Portanto, mesmo que a antropologia possa apenas produzir interpretações sobre a realidade, essas interpretações não deixam de ser consideradas análises científicas.

Assim, fica claro que a antropologia interpretativa busca quebrar os paradigmas da antropologia tradicional, mas não rompe completamente com a busca de uma interpretação científica, legitimamente construída por um corpo de métodos e teorias próprios da disciplina. Logo, mesmo que a antropologia seja uma interpretação da realidade, essa interpretação é calcada em um modo de compreender o mundo que tem suas regras e seus métodos próprios, por isso não deixa de ser uma "verdade" científica.

[2.2]
Críticas pós-modernas

As discussões sobre a presença do autor e as alternativas textuais começaram com os antropólogos hermeneutas representados por Geertz, que concebia as culturas como textos e a análise antropológica como interpretação provisória por excelência. Porém, os críticos pós-modernos acreditam que o rompimento dos interpretativistas é apenas parcial, pois estes questionam o processo de produção das interpretações, mas não rompem com a separação entre observador e observado. Tais críticos questionam os hermeneutas, pois o entendimento era que a interpretação fosse como uma cultura autônoma, que tem o potencial de recriar a totalidade. Para os críticos pós-modernos, os antropólogos clássicos construíram seus textos legitimados pela observação participante, ao mesmo tempo em que negavam essa experiência no texto, apresentando apenas as suas reelaborações e descrevendo as culturas como totalidades autônomas e integradas. Também criticam o distanciamento entre as culturas e a ausência de uma perspectiva crítica sobre as culturas estudadas e a cultura do próprio antropólogo. Logo, a proposta pós-moderna seria reinventar estes dois aspectos: os textos e a crítica cultural.

Segundo Caldeira (1988), na modernidade, o antropólogo não estava ausente do seu texto e da exposição dos dados, no entanto, sua presença foi marcada pela ambiguidade. De maneira objetiva, pretendia-se fazer a ligação entre dois universos culturais, e o antropólogo era o sujeito que poderia conhecer essas experiências e traduzi-las para o texto científico. Assim, a ambiguidade de revelar a experiência pessoal e garantir a objetividade é a marca nos textos dos antropólogos modernos.

As críticas desenvolvidas a partir da década de 1980 nos Estados Unidos analisam a maneira pela qual o antropólogo tem aparecido nos textos desde Malinowski até a década citada. Elas afirmam que os antropólogos aparecem excessivamente no texto (ainda que de maneira oculta) e que, com isso, apagam outras vozes que poderiam e deveriam estar presentes. Essa seria uma das principais críticas feitas pelos autores pós-modernos à antropologia clássica.

> A ambiguidade de revelar a experiência pessoal e garantir a objetividade é a marca nos textos dos antropólogos modernos.

A outra questão fundamental diz respeito ao surgimento da antropologia e à produção de etnografias clássicas decorrentes do encontro colonial (Asad, 1973, citado por Caldeira, 1988). Em geral, essa questão refere-se ao fato de que os antropólogos chamados a estudar os povos coloniais escreviam para sua sociedade sem questionar as relações de poder que se estabeleciam entre ambos. Devido às mudanças das condições e de contextos em que se faz o trabalho de campo, o pesquisador não se defronta mais com culturas isoladas ou semi-isoladas, mas com cidadãos de países pobres que se relacionam, de uma forma ou de outra, com a nação da qual vem o antropólogo.

Sobre a etnografia clássica, Clifford (1998) mostra quais os mecanismos utilizados pelos antropólogos para legitimar a autoria de seus textos e, também, a experiência etnográfica. Primeiro, temos a figura do antropólogo cientista, aquele que realiza seu trabalho de campo conforme regras específicas e legitimadas pela autoridade concedida pelo trabalho de campo (*eu estive lá, eu posso falar sobre isso*). Isso está ligado diretamente ao método da observação participante, ou seja, à ideia de que, pelo contato cotidiano com outra cultura, o antropólogo pode compreendê-la e descrevê-la de forma que não restem dúvidas sobre a veracidade de sua etnografia (*o leitor está lá, porque o autor estava lá*).

A escrita como forma materializada do processo etnográfico inclui uma negociação que envolve múltiplas questões, tanto objetivas (geopolíticas, por exemplo) quanto subjetivas (teóricas, metodológicas etc.), que estão acima do controle do antropólogo. A crítica de Clifford (1998) diz respeito exatamente à estratégia específica de autoridade que a antropologia clássica desenvolveu na busca por responder a essas negociações. "Durante este período, uma forma particular de autoridade era criada – uma autoridade cientificamente validada, ao mesmo tempo que baseada numa singular experiência pessoal" (Clifford, 1998, p. 22). O autor ainda aponta que o debate sobre o processo de construção da etnografia não está separado de um debate político-epistemológico mais geral, que envolve formas de escrita como legitimadoras de certa ideia de ciência e representações da alteridade que entende o outro como homogêneo e estático.

Outra crítica comum feita pelos pós-modernos trata da legitimação do método antropológico associado a uma teoria de cultura própria da época. As culturas eram compreendidas como totalidades acabadas, passíveis de serem observadas e conhecidas. Assim, caberia ao antropólogo recompor essas totalidades e descrevê-las; consequentemente, chegava-se ao conhecimento do todo. Isso se refletiu em uma escrita que pretende representar a realidade como um todo.

Marcus e Cushman (1982, citados por Caldeira, 1988) apontam nove convenções textuais utilizadas nas etnografias clássicas:

[1] O texto é estruturado sequencialmente e apresenta as unidades nas quais se considerava que as culturas estavam divididas.
[2] Para garantir neutralidade e cientificidade, o antropólogo retira-se do texto.
[3] A experiência do antropólogo é relegada a posições marginais no texto.
[4] O indivíduo não tem lugar; fala-se do povo em geral ou de indivíduos típicos.
[5] Enfatiza-se o caráter da realidade com o acúmulo de detalhes da vida cotidiana.
[6] Pretende-se apresentar não o ponto de vista do antropólogo, mas o ponto de vista do nativo.
[7] Tende-se a generalizações.

[8] Há exigência científica do jargão.

[9] São feitas interpretações de conceitos nativos, reafirmando-se a competência linguística do antropólogo.

Com base nessas características, os críticos pós-modernos afirmam que acabou se produzindo um texto que deformou tanto a visão de cultura como a experiência do antropólogo em outras culturas. "A experiência pessoal é evocada para legitimar os dados, mas é afastada para legitimar a análise" (Caldeira, 1988, p. 139). Segundo a proposta pós-moderna, o antropólogo deve romper com a etnografia clássica e buscar não representar o outro de forma abstrata e a-histórica, como se supõe que vinha sendo representado. Portanto, é importante demonstrar, no texto etnográfico, a complexidade das relações sociais do grupo pesquisado e das relações de poder que o envolvem com a pesquisa.

Clifford (1998) propõe uma ruptura da autoridade monológica e analisa possíveis alternativas de dispersão de autoridade etnográfica em trabalhos etnográficos recentes. Dá maior atenção às alternativas etnográficas chamadas de *dialógicas* e *polifônicas*: no modelo dialógico, a etnografia é composta de discursos (antropólogos e nativos) relacionados dialogicamente; já no modelo polifônico, a etnografia é construída no diálogo com diferentes vozes representadas no texto. O autor se posiciona a favor do modelo polifônico, pois, segundo ele, seria uma forma concreta de expressar no texto as várias perspectivas apresentadas ao antropólogo durante sua pesquisa de campo e, além disso, permite ao leitor reinterpretar descrições, textos e citações.

Assim, a ideia é representar muitas vozes no texto, muitas perspectivas, ou seja, explicitar o diálogo como modelo para a construção do texto. Isso possibilita "diluir" o antropólogo em seu próprio texto, dando voz (ou vozes) aos outros. "Para eles [os pós-modernos] a etnografia não deve ser uma interpretação sobre, mas uma negociação com, um diálogo, a expressão das trocas entre uma multiplicidade de vozes" (Caldeira, 1988, p. 141).

Com a multiplicidade de vozes, como propõe Clifford (1998), o antropólogo dilui seu poder de sujeito único que fala, perdendo o *status* de sujeito que pode conhecer a realidade do outro de forma única, ficando em posição de igualdade com os nativos no que se refere às relações de poder. Nessa perspectiva, o antropólogo é chamado a falar sobre o que o iguala ao outro, ou seja, suas experiências cotidianas de igualdade, e não sobre as diferenças. Por isso, para a antropologia pós-moderna, é tão necessário reproduzir nos textos a experiência vivida no campo, e não apenas a experiência reelaborada depois do processo de pesquisa.

Ao negar a possibilidade de reconstruir a totalidade do grupo e construir um sentido geral para as questões analisadas, cabe à antropologia exaltar muito mais a diversidade dos fenômenos sociais do que buscar uma explicação geral para as coisas. Nesse momento, a diversidade representa a fragmentação do mundo social, a impossibilidade de construir modelos de análise que vão além do local. Então, o rigor etnográfico, a descrição detalhada de todos os processos pelos quais o antropólogo constrói seu objeto de pesquisa, ou seja, a complexidade social que é o próprio objeto da antropologia, impossibilita uma perspectiva mais universalista da vida social.

Essa questão gera consequência tanto no que se refere à forma de escrita como em relação à forma de conceber as etnografias, pois estas se tornam modos de entender a realidade social que supostamente estariam "livres" de qualquer modo de exercício de poder. Assim, o antropólogo pode sugerir ou criticar culturas, mas não descrevê-las. Com a oposição aos etnógrafos clássicos, há a dispersão da autoridade do etnógrafo, que não mais analisa, apenas sugere alternativas de leitura sobre determinado assunto. Ainda, a possibilidade de abertura do texto antropológico para múltiplas vozes com a dispersão da autoridade etnográfica credencia leitores não pertencentes ao mundo acadêmico a fazer suas próprias leituras, suas próprias interpretações sobre o texto etnográfico, alimentando diversas interpretações e diluindo as relações de poder estabelecidas historicamente entre antropólogos, grupos pesquisados e sociedade envolvida.

[2.3]
Interlocuções com a pós-modernidade

Como já vimos, a pós-modernidade em antropologia coloca em discussão duas questões centrais: a produção do texto etnográfico e a crítica cultural. Agora, vamos tratar sobre como essas questões estão sendo trabalhadas e discutidas na própria disciplina. Para isso, vamos dialogar com autores brasileiros, visto que a antropologia produzida no Brasil dispõe de um campo de pesquisa e de uma produção teórica que pode ser considerada privilegiada no que se refere aos problemas apontados pela pós-modernidade.

A crítica pós-moderna ao chamado *modelo canônico*, ou seja, à tendência dos autores modernos de tratar questões teóricas totalizadoras por meio de análises de ventos locais, parece estar focada em um determinado tipo de análise das etnografias que desconsidera o papel transformador da experiência de campo para a antropologia, como se a teoria produzida não tivesse nenhuma relação com o contexto histórico da época e as questões individuais do autor do texto.

A pesquisa de campo, como é entendida pelos antropólogos de hoje, é um fenômeno construído historicamente na disciplina. Quando Clifford (1998) critica a produção final (totalizadora) do texto etnográfico de Malinowski, ele não está levando em conta o contexto no qual foi escrito nem quais eram os referenciais teóricos que orientavam as pesquisas da época. Em Malinowski, o diálogo está implícito no texto, afinal não é possível fazer pesquisa de campo (pelo menos da forma clássica) de outra forma. Nesse caso, o diálogo ocorre entre o contexto socioteórico da época e a sociedade pesquisada, e não entre o antropólogo e os sujeitos pesquisados. Sobre essa questão, Peirano (1995, p. 39, grifo do original) diz: "Proponho, portanto, que a coautoria que os pós-modernos advogam na relação pesquisador-nativo não é uma novidade na disciplina; apenas ela não ocorre entre **indivíduos** empíricos concretos, mas **teoricamente** na produção etnográfica".

O trabalho de campo, como já apontamos no primeiro capítulo, foi conformado ao longo da disciplina como uma prática inerente à antropologia. É o trabalho de campo, com a presença prolongada do pesquisador, que caracteriza o método antropológico.

> Compreender língua, modos de vida, práticas sociais e outras expressões socioculturais só se torna possível com essa imersão na vida desses outros.
>
> Com o desenvolvimento metodológico da disciplina, esse modo de trabalho de campo transformou-se na forma clássica de pesquisa. Hoje, é ele que autoriza as análises do antropólogo, pois "ele estava lá".

Além disso, é necessário compreendermos que cada pesquisa é única, pois cada campo revela algo de novo ao pesquisador.

Sobre essas questões, Caldeira (1988, p. 157) argumenta:

> Não consigo imaginar o antropólogo crítico se referindo a um paradigma textual apenas, seja ele dialógico, monológico, polifônico ou qualquer outro, do mesmo modo que não é possível pensar em um modelo único de relação com os objetos ou em um único modelo de crítica. O estilo do texto se define em função do objeto e do tipo de análise que se pretende – e talvez seja a consciência dessa flexibilidade mais do que de receitas textuais que nós precisemos. Segundo eu o vejo, faz parte do novo papel do antropólogo/autor a busca do estilo que melhor se adapte aos seus objetivos, a definição crítica desses objetivos, e a responsabilidade pelas suas escolhas.

Geertz (1978), de um modo geral, não discorda da crítica dos pós-modernos à antropologia clássica, apenas da solução proposta por eles. O autor acredita ser possível conhecer e interpretar outras culturas mesmo sabendo que as condições em que se faz a pesquisa também mudaram. No entanto, no que diz respeito à perspectiva do autor, assume uma postura oposta à de muitos pós-modernos. Ele não sugere a dispersão da autoridade e da autoria, e sim a necessidade de o autor assumir responsabilidade pelo seu texto e pelas interpretações que produz.

Além disso, é necessário ressaltarmos que as propostas de diálogo, de coautoria ou de polifonia podem ser interessantes, mas isso, necessariamente, representa uma mudança no paradigma de pesquisa antropológica. Seria uma ingenuidade deduzirmos que somente as mudanças textuais reestruturam as relações de poder questionadas pelos pós-modernos. Peirano (1995, p. 38, grifo do original) sugere que "a coautoria defendida atualmente esconde a ingenuidade de pressupor que os nativos querem **sempre** ser coautores ou antropólogos de si mesmos".

Essas questões nos levam ao segundo ponto fundamental levantado pelos autores pós-modernos: a proposta de realizar uma crítica cultural, ou seja, tanto questionar as relações de poder entre pesquisador e nativo como produzir uma crítica às formas de dominação de uns povos sobre os outros. Logo, a proposta pós-moderna é reinventar os textos e produzir uma crítica cultural. No entanto, segundo Caldeira (1988, p. 140-141), esses dois aspectos não recebem a mesma atenção:

> A maioria das alternativas pós-modernas à antropologia não se refere a discussões sobre o contexto político em que ela ocorre, ou às possibilidades críticas da antropologia em relação às culturas das sociedades do antropólogo ou às culturas do Terceiro Mundo que ela continua a estudar. As alternativas são basicamente textuais: referem-se a como encontrar uma nova maneira de escrever sobre

culturas, uma maneira que incorpore no texto um pensamento e uma consciência sobre seus procedimentos.

A menção à perspectiva política é comum nos textos pós-modernos. Porém, para Caldeira (1988), a política é basicamente uma política de texto. As questões, por vezes até obsessivas, giram em torno de estilos e opções textuais. Indaga-se até se a mudança da perspectiva pós-moderna não é apenas uma questão textual ou se essa questão seria suficiente para criar uma nova perspectiva na posição do autor e do conhecimento produzido por ele. Nesse contexto, a crítica cultural parece ser deixada um pouco de lado, visto que a dimensão política da crítica não se limita às condições de produção do conhecimento; abrange também a crítica cultural das sociedades (dos nativos e dos antropólogos). Dessa forma, podemos dizer que a antropologia pós-moderna se afirma mais pelo trabalho de desconstrução de textos clássicos e pela proposta de mudanças textuais do que pela produção de etnografias que façam a crítica cultural sugerida pelos especialistas.

Para Goldman (1999), a definição de *antropologia* como crítica cultural parece ser bastante adequada; no entanto, ressalta que o caminho traçado pelos autores parece excessivamente ingênuo e abstrato. Ele afirma que a investigação de nossa própria sociedade, instruída por uma observação treinada, produz melhores resultados se admitirmos que a escolha do objeto de pesquisa constitui uma dimensão fundamental do processo. Para isso, o autor considera necessário acrescentar a esse esquema uma dimensão decididamente política, ou seja, considerar que a escolha por determinado objeto tem uma dimensão de interesse, que é uma variável definida por uma tomada de posição. Segundo Goldman (1999, p. 118): "Em outros termos, tratar-se-ia de uma escolha política, mas no sentido preciso atribuído ao termo por Michel Foucault: a determinação do objeto deveria passar por uma espécie de diagnóstico do presente, procedendo em função do mapeamento e seleção de questões e lutas contemporâneas".

Isso não significa que a pesquisa antropológica não deva ser neutra, objetiva e relativista, mas é necessário admitirmos que esses traços são igualmente valores que devem estar a serviço de algo maior que o autor chama de *crítica*.

Disso decorre um último ponto que devemos abordar: as questões colocadas para a antropologia produzida no Brasil, que Peirano (1995) chama de *antropologia caseira*. É necessário pensarmos até que ponto os problemas apontados pelos pós-modernos não fazem parte da própria constituição da antropologia brasileira e até que ponto as questões relacionadas à crítica cultural e ao diálogo com o outro não estão presentes no modo específico de fazer antropologia em nosso país.

A antropologia produzida no Brasil constituiu-se uma disciplina tendo como referência as escolas europeias e estadunidense. São influências, e não cópias. Como a antropologia brasileira tem como campo de pesquisa sua própria casa, não se limitou a copiar modelos de análises, mas reformulou-os com base em dados de campo que surgiram no decorrer de seu desenvolvimento. As teorias antropológicas estiveram sempre em diálogo com os dados de pesquisa, visto que a constituição de uma disciplina **caseira** tem a vantagem de confrontar perspectivas diferenciadas com muito mais facilidade – esse exemplo é meramente ilustrativo, pois, se olharmos de dentro, constataremos a complexidade do enorme campo de pesquisa antropológica que é o Brasil. Essa situação causa alguns problemas, como coloca Peirano (1995, p. 53, grifo do original): "Em geral não só estudamos 'nós mesmos', o que não produz desconforto maior, como a 'diferença' é construída às avessas: geralmente estamos nos perguntando **qual** a nossa especificidade, **em que** somos peculiares, **o que** nos separa e nos distingue".

Esse quadro particular de pesquisa produz uma série de reflexões sobre a atuação do antropólogo quanto aos grupos pesquisados. Hoje sabemos a importância de sua atuação na demarcação de terras indígenas e de territórios quilombolas e na produção de laudos de impacto ambiental. Tudo isso aponta para uma prática que vai além da academia, que une pesquisa etnográfica e posicionamento político, sem abrir mão nem de um nem de outro. O antropólogo é chamado a se posicionar sobre os diversos problemas existentes em nosso país e utiliza a tradição teórica e metodológica da disciplina para apontar caminhos, levantar problemas e oferecer pareceres técnicos. Essa é uma das possíveis alternativas da crítica cultural. Além disso, ressaltamos que o processo de atuação do antropólogo exige um efetivo diálogo tanto com o grupo pesquisado como com a sociedade civil, o Estado etc.

Por fim, podemos dizer que os temas levantados pela pós-modernidade são indiscutivelmente pertinentes, mas talvez fosse necessário que os autores olhassem além de seus muros, além de suas bibliotecas, pois assim, quem sabe, percebessem que o novo pós-moderno é constitutivo da nossa antropologia caseira. Isso não quer dizer que os problemas estão superados; apenas significa que os problemas já foram postos e que suas soluções dependem efetivamente de diálogos.

[2.4]
O fim dos grandes divisores

Como exemplo dos aspectos debatidos até o momento, este tópico pretende apresentar algumas discussões sobre as questões teóricas e metodológicas impostas tradicionalmente pela antropologia no que se refere às pesquisas da chamada *antropologia urbana*. Assim, vamos fazer a abordagem em três partes: exposição de como se constroem os grandes divisores, com o apontamento metodológico, por Goldman e Lima (1999), de como existe uma reprodução dessa lógica na própria disciplina, exemplificada pela divisão que separa a antropologia dos seus objetos de pesquisa; apresentação de discussões, questionamentos referentes à especificidade da antropologia urbana ante os outros objetos pesquisados pela disciplina; e identificação de algumas questões teóricas e metodológicas relacionadas ao tema.

A divisão clássica entre dois tipos de antropologia remete a uma tradição histórica da disciplina. O objetivo deste texto não é discutir essa questão, apenas informar o contexto no qual o argumento foi construído. A história da antropologia teve início com o estudo de um outro longínquo, tanto no que se refere à construção do tempo como do espaço. Este outro primeiramente foi denominado *primitivo*; depois, classificado como *simples*, em oposição ao Ocidente, o *complexo* por excelência. O desenvolvimento teórico e metodológico da disciplina deixou esse quadro muito mais complexo, colocando em xeque várias dessas questões e, em alguns casos, eliminou de seu discurso denominações equivocadas teoricamente, como a oposição **simples *versus* complexo**.

A própria caracterização de uma antropologia que tem como objeto privilegiado o meio urbano é um exemplo do contexto de produção de grandes divisores. No entanto, antes de começarmos as discussões, vamos compreender como se construíram metodologicamente as divisões que separam a antropologia de acordo com seus objetos.

Para Goldman e Lima (1999), existe um sentimento de separação radical entre os que estudam as sociedades indígenas daqueles que pesquisam as sociedades ditas *complexas*. Os autores acreditam que essa separação prejudicial encontre uma de suas fontes na tendência do pensamento antropológico de opor *nós* e *eles*. Essa tendência é uma realidade de fato, construída historicamente pelos discursos que a própria antropologia produziu. Como os autores asseveram, "a partilha é o espaço que habitamos, a fronteira que transgredimos e um certo tipo de linha que traçamos. Ela é a própria condição do projeto antropológico e de seu exercício; que seja sua consequência é algo que nos cabe evitar" (Goldman; Lima, 1999, p. 82). A construção dos grandes divisores, segundo esses autores, é um mecanismo de produção de assimetrias desenvolvido por uma série de operações: identificação, sinédoque, desproporção, projeção, juízo de relação como atributo do objeto e sobrecodificação.

Para a formação de grandes divisores, é necessária, metodologicamente, uma identificação primeira a fim de estabelecer uma base de comparação:

A operação de identificação só pode funcionar, é claro, a partir de uma concepção prévia dos elementos a identificar como "unidades". Isso revela que o problema dos grandes divisores não se encontra apenas nas assimetrias que produzem, mas na concepção substancialista daquilo que se separa. [...] Ora, pensamos que é preciso admitir que não existe uma diferença genérica e invariável (simples contraface da identidade), mas modalidades de diferenças que diferem entre si. Não basta afirmar que somos diferentes dos outros como eles são diferentes entre si; seria preciso estabelecer, caso a caso, a modalidade de diferença com a qual nos defrontamos. (Goldman; Lima, 1999, p. 83)

A exigência dessa identificação convive, simultaneamente, com a necessidade de compreender o todo pela parte, ou seja, fazer com que um conjunto de fatos seja representado por apenas alguns de seus elementos, escolhidos de forma que se oponham violentamente aos elementos que irão representar o outro conjunto da comparação.

O grande divisor opera em escalas heterogêneas, nunca assumidas como tais, e que podem ser de ordem temporal, espacial etc. Como exemplo, temos a diferença entre a perspectiva sincrônica da etnografia e a perspectiva diacrônica da história da ciência condenada de imediato à comparação:

O resultado desta comparação entre realidades tão desproporcionais parece deduzir-se logicamente, não obstante sua coincidência com os nossos mais profundos preconceitos: a ciência se aproxima progressivamente da verdade, enquanto o sistema divinatório se situa a uma intransponível distância dela. (Goldman; Lima, 1999, p. 85)

Logo, as sociedades tradicionais costumam ser descritas, ao passo que as modernas são tomadas a partir de um tipo ideal construído com elementos de várias partes. Isso gera comparações descontextualizadas, com objetos desvinculados dos contextos concretos nos quais são produzidos. Essas comparações descontextualizadas implicam a projeção de assimetrias preconcebidas sobre o objeto:

> A partilha oral e escrita é a transposição para um domínio de outra ordem de grandeza (o conjunto da humanidade) de discriminações que operamos no nosso dia a dia e que têm suas raízes em nossos sistemas de valores. [...]
>
> O problema surge quando nos esquecemos do caráter relacional e metodológico desse juízo, e tomamos o diferencial como atributo do objeto que investigamos. Resulta que a "ausência do indivíduo" suscita a ideia de uma sociedade onipotente, onde as pessoas estão condenadas a uma infinita repetição, ou então é a sociedade que aparece como um quase nada, puro espaço aberto para as interações, desejos e cálculos individuais [...] Como se "sociedade", "indivíduo"... fossem coisas em si cuja eliminação só pode ser ideológica e parcial, e não noções e artifícios metodologicamente construídos para conferir alguma inteligibilidade ao que investigamos. (Goldman; Lima, 1999, p. 86-87)

No entanto, as questões apontadas não constituem um grande divisor se compreendidas isoladamente. Para que isso ocorra, é necessária a adição do que Goldman e Lima (1999) chamam de *sobrecodificação*:

> A sobrecodificação das diferenças é a transformação da diversidade cultural em oposição, em uma forma bem particular de oposição, aquela que Trubetzkoy qualificou de "privativa": uma particularidade comum está ausente ou presente. O estilo contemporâneo de fazer a partilha se distingue, pois, do evolucionismo – que postulava sobretudo "oposições graduais" (uma particularidade comum que varia em grau). É que se evita a possibilidade de mediações entre os termos, e tudo se passa como se a evolução da humanidade cujo ápice era representado pelo "nós" (Ocidente, escrita, ciência ou igualdade) tivesse se historicizado, quando, na verdade, se substituiu uma teleologia otimista por um fatalismo histórico. (Goldman; Lima, 1999, p. 87)

A caracterização de uma antropologia que tem como objeto privilegiado o meio urbano é um exemplo da produção dos grandes divisores. Os processos da produção exposta por Goldman e Lima (1999) deixam claro como a disciplina construiu metodologicamente a divisão entre etnologia (antropologia clássica) e outras antropologias, no caso específico, a antropologia urbana. Basicamente, distinguimos as áreas de atuação da antropologia por meio de seu objeto, cindido pela distinção mais geral entre *nós* e *eles*. A antropologia urbana representaria, nessa perspectiva, uma área de conhecimento preocupada em desvendar esse *nós*, ou seja, o Ocidente urbanizado.

Se, conforme Goldman e Lima (1999), a tendência de construção de grandes divisores é uma realidade construída historicamente pela própria antropologia e condição do projeto antropológico e de seu exercício, esse fato não precisa ser sua consequência. Por isso, precisamos compreender, na antropologia, quais são os limites e as questões impostos nessa divisão.

Síntese

Este capítulo tratou das viradas teóricas e metodológicas da antropologia que, a partir da década de 1980, questionaram temas caros ao seu fazer científico, como a autoridade e a escrita etnográfica.

Foi na antropologia pós-moderna que a própria disciplina propôs a reinvenção de seus aspectos clássicos. A interlocução entre nativos e antropólogos saiu da obscuridade e tornou-se material de reflexão não apenas no trabalho de campo, mas especialmente na produção de sua escrita.

Da escola interpretativista às teorias do contato, apresentamos questões de método e estilo narrativo e os efeitos e ecos de suas proposições nos modos do fazer antropológico.

Indicações culturais

ALI, T. **Redenção**. Rio de Janeiro: Record, 2005.
> Lançado em 1990, esse romance do historiador paquistanês tece uma sátira ácida e extremamente engraçada sobre a esquerda tradicional.

CIDADE de Deus. Direção: Fernando Meirelles e Kátia Lund. Brasil: Imagem Filmes, 2002. 135 min.
Uma adaptação roteirizada por Bráulio Mantovani do livro de mesmo nome, escrito por Paulo Lins. Foi dirigido por Fernando Meirelles e retrata o crime organizado na Cidade de Deus, um dos lugares mais perigosos do Rio de Janeiro no começo dos anos de 1980. Para tanto, o filme narra a vida de diversos personagens e eventos significativos para pensarmos o contexto urbano.

CLUBE da luta. Direção: David Fincher. EUA, 1999. 139 min.
Esse filme provoca os telespectadores inicialmente pelo grau de violência das cenas, o que o tornou bastante popular. No entanto, a violência é um fio condutor que possibilita reflexões profundas sobre a forma como vivemos, a sociedade de consumo e seus efeitos em cada indivíduo.

ORWELL, G. **1984**. São Paulo: Companhia Editora Nacional, 2002.
O livro é considerado um clássico moderno, embora tenha sido publicado em 1949. Trata-se de um romance situado em um Estado completamente autoritário, no qual nenhuma pessoa escapa das garras do poder delirante do grande irmão.

SAHLINS, M. **Cultura na prática**. Tradução de Vera Ribeiro. Rio de Janeiro: Ed. da UFRJ, 2004.
Nessa obra, o autor mescla a tradição intelectual europeia com as teorias mais recentes advindas do encontro colonial. Trabalha fortemente temáticas como disciplinas humanas, análise estrutural das pesquisas históricas e teorias que relacionam cultura e prática social.

Atividades de autoavaliação

1] Indique a afirmação **incorreta** sobre as características da antropologia dita *pós-moderna*:
   a) Faz a descrição detalhada de todos os processos pelos quais o antropólogo constrói seu objeto de pesquisa.
   b) A diversidade é representada pela fragmentação do mundo social, a impossibilidade de extrapolar as perspectivas locais.
   c) Exalta a diversidade dos fenômenos sociais mais do que busca uma explicação geral para as questões.
   d) Traz a possibilidade de reconstrução da totalidade dos grupos e de sentidos gerais para as análises.
   e) As fragmentações do social exigem que múltiplas estratégias sejam adotadas na escrita.

2] Sobre a escrita na pós-modernidade, assinale a alternativa correta:
   a) É uma escrita tradicional, que busca uma volta às origens da disciplina.
   b) Traz a possibilidade de abertura para múltiplas vozes no texto.
   c) Tem a impossibilidade de abertura do texto antropológico para múltiplas vozes.
   d) Promove a concentração da autoridade etnográfica.
   e) Utiliza-se de recurso argumentativo único e universal; busca uma explicação universalizante.

3] A respeito das questões colocadas para a antropologia produzida no Brasil, a qual Peirano (1995) chama de *antropologia caseira*, assinale a alternativa **incorreta**:
   a) Os problemas apontados pelos pós-modernos fazem parte da constituição da antropologia brasileira.
   b) Os antropólogos brasileiros atuam na demarcação de terras indígenas e de territórios quilombolas e na produção de laudos de impacto ambiental.
   c) O diálogo com o outro não está presente no modo específico de fazer antropologia em nosso país.
   d) A atuação do antropólogo brasileiro exige diálogo tanto com o grupo pesquisado como com a sociedade civil e o Estado.
   e) A antropologia produzida no Brasil responde a muitas das questões levantadas pelos pós-modernos.

4] Por que afirmamos que os grandes divisores entre o rural e o urbano chegaram ao fim?
   a) Porque a antropologia deixou de lado as pesquisas nos meios rurais e investe apenas na antropologia urbana.
   b) Porque o desenvolvimento teórico e metodológico da disciplina eliminou denominações equivocadas teoricamente, como a oposição simples *versus* complexo.
   c) Porque os grupos e as sociedades não utilizam mais as denominações *rural* e *urbano*.
   d) Porque chegamos à conclusão de que as denominações corretas são aquelas ditas *simples*; o complexo não existe.
   e) Porque atualmente a antropologia investe apenas nas pesquisas realizadas no meio rural.

5] Quanto à antropologia urbana, marque a alternativa correta:
   a) Surgiu como fundadora da disciplina.
   b) Caracteriza-se como área de conhecimento preocupada em desvendar o outro, ou seja, o distante.
   c) Representa uma área de conhecimento preocupada em desvendar o *nós*, ou seja, o Ocidente urbanizado.
   d) Considera, em sua tradição, os estudos dos povos indígenas e quilombolas.
   e) No Brasil, não existem pesquisas nessa área de conhecimento.

Atividades de aprendizagem

Questões para reflexão

1] Por meio da internet, vivemos uma realidade em que podemos de conhecer muitas culturas, muitos povos e ideias diferentes das nossas. Podemos dizer que vivemos em um mundo desprovido de fronteiras virtuais; no entanto, as guerras e as tragédias naturais fazem com que os povos tenham de constantemente migrar para outras regiões ou países. Nesse caso, as fronteiras físicas e simbólicas existem e impõem-se aos imigrantes. Reflita sobre as concepções de liberdade, fronteiras e conhecimento.

2] Por que afirmamos que os grandes divisores, rural e urbano, chegaram ao fim? Por meio de dois exemplos, explique como podemos perceber esses cruzamentos de fronteiras.

Atividade aplicada: prática

1] Entre os jovens que você conhece, é possível identificar alguns grupos distintos? Reflita sobre os grupos de jovens da sua cidade e monte uma tabela que demonstre as principais diferenças entre eles. Preste atenção nas concepções de mundo, nas ideologias, nas roupas, nos gostos musicais etc.

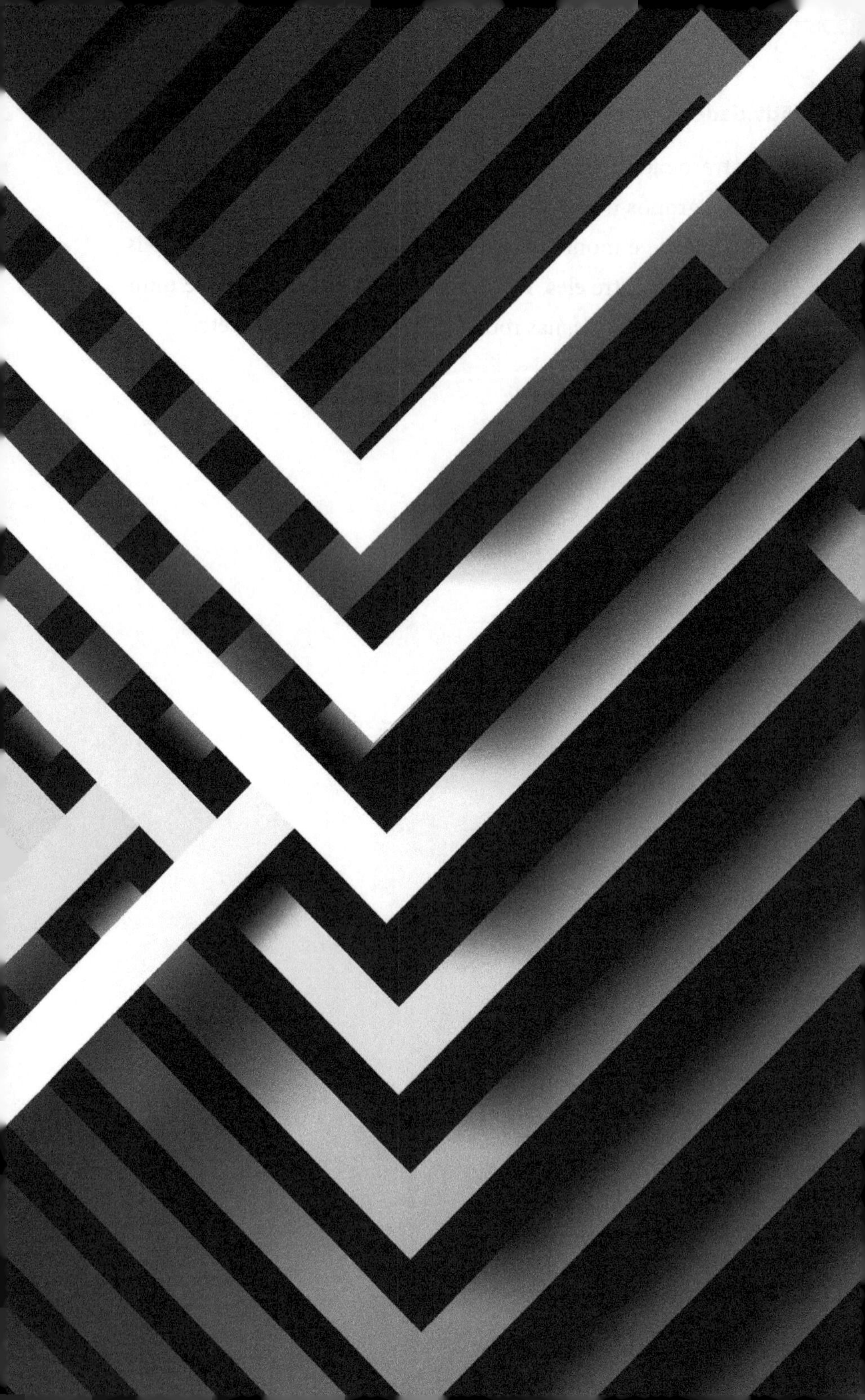

Pensamento social brasileiro e antropologia no contexto nacional
[Capítulo 3]

Neste capítulo, abordamos as ideias precursoras das ciências sociais no Brasil e suas contribuições para a formação do campo de estudo da antropologia. Qualquer produção teórica realiza-se com base em uma tradição, portanto, apresentamos aqui uma breve leitura com o intuito de reafirmar a necessidade do domínio de, ao menos, parte de nossa tradição intelectual.

No início das ciências sociais no Brasil, houve grande produção de ensaios históricos sociológicos que tiveram papel fundamental no desenvolvimento das teorias e das ideias que "explicam" os brasileiros. Entre esses clássicos, elencamos três títulos: *Casa-grande & senzala* (1933), *Raízes do Brasil* (1936) e *Formação do Brasil contemporâneo* (1942).

Também traremos um compilado sobre as chamadas *teorias do contato*, as quais apresentam perspectivas que, com diferentes ênfases, oferecem leituras complexas das conexões entre sociedade, cultura, política e economia na formação do Brasil. A proposta é demonstrar uma possível interpretação, aproximando e distanciando as análises com o presente, a fim de que você possa fazer um exercício de reflexão para o reconhecimento das questões que até hoje inspiram leituras sobre a realidade brasileira.

[3.1]
Gilberto Freyre: *Casa-grande & senzala*

Gilberto Freyre publicou *Casa-grande & senzala* em 1933, quando o Brasil vivia um momento muito importante de sua história. A revolução modernista mudava a face rural do país, não apenas a estrutura econômica, mas também as instituições sociais e políticas; buscava-se a discussão da realidade brasileira. Nos meios acadêmicos, sentia-se a necessidade de estudar o Brasil e suas possibilidades como nação. O gênero literário voltado para a crônica do social tornou-se, assim, instrumento predileto de uma geração inteira. "*Casa-grande & senzala*, para mim, foi a resposta à seguinte indagação que eu fazia a mim próprio: [...] o que é ser brasileiro? E a minha principal fonte de informação fui eu próprio, o que eu era como brasileiro, [...] [como] eu reagia a certos estímulos" (TV Cultura, 1995).

Podemos dizer que, entre as diversas publicadas naquele contexto, essa foi uma das obras que mais resistiu à passagem do tempo. Freyre conseguiu traduzir em livro uma questão que nos é colocada até hoje: O que é ser brasileiro? Qual a lógica que organiza as nossas relações sociais?

> Eu venho procurando redescobrir o Brasil. Eu sou rival de Pedro Álvares Cabral. Pedro Álvares Cabral, [...] a caminho da Índia, desviou-se desta rota e, ao que parece, já baseado em estudos portugueses, identificou uma terra que veio a ser conhecida como Brasil. Mas esta terra não se autoconheceu imediatamente. Vinham sendo acumulados estudos sobre ela, mas faltava um estudo convergente,

que, além de ser histórico, geográfico, geológico, fosse [...] um estudo social, psicológico, uma interpretação. (TV Cultura, 1995)

Assim, todas essas questões encontraram em Freyre um de seus principais porta-vozes. Filho da oligarquia tradicional de Pernambuco, descendente de família de senhores de engenho, o autor pertencia a uma classe social em franca decadência. Ele adotou ideias novas sem, no entanto, romper bruscamente com seu passado. Foi buscar nos diários dos senhores de engenho e na vida pessoal de seus próprios antepassados a história do homem brasileiro. Os latifúndios de cana-de-açúcar em Pernambuco eram o palco das relações íntimas e do cruzamento das chamadas *três raças*: índios, africanos e portugueses.

A dialética entre o novo e o antigo está presente o tempo todo em *Casa-grande & senzala*. O traço conservador de Freyre se expressa no constante elogio à figura do senhor patriarcal nordestino. É verdade que o autor não esconde o que chama de *vícios morais* e a violência de classe e racial. No entanto, esses fatos são sempre apresentados apenas em um segundo plano da discussão. Freyre vê os senhores como um fator fundamental para a implantação de um novo processo no país.

Essa ambiguidade de posicionamento não oculta a quantidade de acertos que o texto revela. Em uma época de grande efervescência das teorias racistas, que culpavam negros, índios e mestiços pelo atraso nacional, o autor exalta o papel essencial das etnias dominadas na formação do país. Ressalta a força vital dos escravos, sua capacidade de resistência ao meio e suas habilidades técnicas e agrícolas. Ele diz: "Os índios foram submetidos ao cativeiro e à prostituição. A relação entre brancos e mulheres de cor foi a de vencedores e vencidos" (TV Cultura, 1995).

Os índios e os negros recebem muitos elogios na obra, não sendo colocados como selvagens broncos e incapazes. Ao contrário, em muitos sentidos, são apresentados como superiores aos conquistadores brancos. Freyre mostra os índios como vítimas não apenas dos colonizadores, mas também dos jesuítas, que teriam praticado uma espécie de extermínio indireto das populações locais.

> Ela nos deu ainda a rede em que se embalaria o sono ou a volúpia do brasileiro; o óleo de coco para o cabelo das mulheres; um grupo de animais domésticos amansados pelas suas mãos.
>
> Da cunhã é que nos veio o melhor da cultura indígena. O asseio pessoal. A higiene do corpo. O milho. O caju. O mingau. O brasileiro de hoje, amante do banho e sempre de pente e espelhinho no bolso, o cabelo brilhante de loção ou de óleo de coco, reflete a influência de tão remotas avós. (Freyre, 1994, p. 94)

Ao romper com as ideologias racistas vigentes e exaltar a miscigenação como elemento-chave da conquista do trópico, Freyre tornou-se o ideólogo da mestiçagem. É ela que, de acordo com o autor, oferece condições para que a civilização europeia vença as intempéries do clima tropical. A obra aponta o clima brasileiro como um dos fatores

> Ao romper com as ideologias racistas vigentes e exaltar a miscigenação como elemento-chave da conquista do trópico, Freyre tornou-se o ideólogo da mestiçagem.

responsáveis por um moral cristã mais brando, configurando um ambiente de sensualidade e maiores liberdades entre os indivíduos – aspecto que abordaremos mais à frente.

A crítica às teorias e aos determinismos climáticos é considerada uma das perspectivas mais progressistas do pensamento de Freyre. Tais teorias condenavam as regiões dos trópicos ao subdesenvolvimento e à miséria, pois o clima impediria um processo civilizatório eficaz. Freyre, portanto, retira o foco dos impasses brasileiros de causas ambientais para elaborar análises que sublinham a importância das questões sociais, econômicas e, principalmente, culturais. Assim, um pensador revolucionário e o filho do senhor de engenho coexistem em sua escrita. Freyre estudou nos Estados Unidos com o célebre antropólogo Franz Boas. Durante o período de estudos na universidade estadunidense, o escritor elaborou uma linha de pensamento que diferenciava raça e cultura, separava herança cultural de herança étnica, trabalhando o conceito antropológico de cultura como o conjunto dos costumes, hábitos e crenças do povo brasileiro.

Em análise sobre a obra do autor publicada no jornal *Folha de S.Paulo*, o antropólogo Ricardo Benzaquem de Araújo traz alguns apontamentos sobre o uso da noção de raça em *Casa-grande & senzala* como algo não resolvido, já que algumas leituras indicam seu abandono e, em outras, ainda é possível verificarmos a utilização desse conceito como referência. O antropólogo afirma que isso não transforma Freyre em autor de afirmações racistas, como outros de sua época, pois olhava o Brasil pelo viés da miscigenação, sem condenar o país às mazelas frequentes e sem chance de desenvolvimento, a não ser pelo caminho da erradicação da herança negra de sua população. Freyre tem o grande mérito de ser o primeiro intelectual brasileiro a tratar o negro e o índio com base na ideia de cultura, e não de raça, o que permitiu recuperar de forma positiva as contribuições de diferentes comunidades de origem africana e indígenas para a formação da nossa identidade nacional. As experiências sociais, dessa maneira, podem ser positivadas com as influências mútuas entre diversas raças e culturas, sem uma perda identitária total nem a inexistência de tensionamentos culturais para que fosse possível um equilíbrio social. O autor operacionaliza esse equilíbrio pela existência de vínculos estreitos entre senhores e escravizados sem, no entanto, apontar o ambiente violento e cruel dessas relações. Freyre, porém, se volta para a harmonia, para a suposta democracia racial que envolvia a sociedade nessa amálgama de violência e afeto, de iguais e desiguais que convivem em uma mesma ordem.

É nesse ponto que o livro parece ser mais rico, pois a questão está aberta até hoje. As relações paternalistas estão cravadas nas nossas relações cotidianas, que antecedem qualquer discussão sobre as ditas *racionalizações* da nossa sociedade. Se nós vivemos em um país no qual dizem não haver segregação racial, já não podemos dizer que haja igualdade. Os antagônicos convivem, não de forma pacífica, como possa parecer, mas convivemos com a violência e o afeto, sentimentos que se misturam e se tornam presentes em toda a sociedade. Freyre soube captar e descrever como nenhum autor brasileiro da época esses sentimentos, essas ideias e esses fatos.

[3.2]
Sérgio Buarque de Holanda: *Raízes do Brasil*

É difícil concretizarmos a ideia de fazermos uma análise, em forma de apresentação, sobre uma obra tão importante como *Raízes do Brasil*. Apreender a complexidade de um autor considerado central na elaboração do pensamento social brasileiro não se constitui em tarefa simples, e só é possível produzirmos alguma reflexão consistente se a condução da escrita não se der de maneira isolada – ou seja, precisamos estabelecer o diálogo com alguns pares e indicar os rumos tomados para auxiliar o leitor a percorrer as trilhas que escolhemos. Assim, buscamos algumas respostas em Geertz (1997), o que nos possibilitou escolhas que nos parecem satisfatórias.

Segundo Geertz (1997), para os teóricos da ação simbólica, o pensamento é resultado de uma manipulação intencional de formas culturais, e toda e qualquer atividade pode ser considerada bons exemplos desse tipo de ação. Então, seja qual for o enfoque, podemos comparar comunidades linguísticas diferentes. "A natureza desse paradoxo foi sendo cada vez mais associada aos enigmas da tradução, ou seja, à forma pela qual um determinado significado em um sistema de expressão é expresso em outro sistema – hermenêutica cultural, e não mecânica conceptiva" (Geertz, 1997, p. 226). Assim, só podemos tentar dar um significado para essa obra se interpretarmos suas expressões pelas atividades que a sustentam, isto é, tentando mapear aquele mundo no qual o pensamento de Sérgio Buarque de Holanda tem algum significado.

Com isso em mente, é impossível não tentarmos entender um pouco os pressupostos sobre os quais *Raízes do Brasil* foi gestado. Que venha o modernismo!

O modernismo inaugurou um novo momento na dialética universal e particular, a dialética do localismo e do cosmopolitismo (afirmação violenta do nacionalismo e imitação consciente dos padrões europeus). No plano programático, esse dualismo é mais evidente, aproximando os dois extremos, porém nas obras ele se reduz, e estas representam esses momentos de equilíbrio ideal entre as duas tendências. Portanto, o intelectual brasileiro passou a se identificar com a lógica local (raça, mestiçagem e história) ao mesmo tempo em que incorporou padrões universais das escolas europeias. Certos temas foram enfatizados, como a indagação do destino do homem brasileiro, a busca de convicção e o culto ao pitoresco nacional, aspectos "inseridos" na herança europeia e em uma literatura que exprimia a sociedade da época.

Foi no movimento modernista – que tinha centralidade nas expressões artísticas e, especialmente, na literatura – que diversos lugares-comuns de processos históricos e sociais nacionais foram trazidos à tona, muitas vezes em críticas de tons bem-humorados. Em um grupo expressivo da intelectualidade brasileira, podemos constatar o abandono da posição de inferioridade do sujeito nacional em relação àqueles que o colonizaram, ou seja, findou-se (ou ao menos pretendeu-se isso) o lugar de inferioridade em relação à Portugal. Entre o geral e o particular, a colônia, muitas vezes, se fez risível ou nem foi lembrada. O que é original no modernismo à brasileira, em sua dialética entre geral e particular, é seu movimento próprio, que promoveu uma torção sobre a percepção de nossa construção sócio-histórica do que eram, anteriormente, nossas deficiências. Estas se transformaram em características positivadas, que nos colocaram em posição de superioridade: o que é de índios e mulatos tornou-se fonte de uma beleza única na elaboração de nossa cultura.

Nesse contexto, existiram grandes influências, por exemplo, o surto industrial da época, a busca da vida nas grandes cidades, as greves, a fundação do Partido Comunista, a fermentação da política da burguesia, o papel da arte primitiva, o folclore, a etnografia etc. Dessa feita, os intelectuais modernistas bebiam na vanguarda europeia, trazendo referências da psicologia para elaborar um tipo local e global, um sujeito particular que buscava, por meio de uma influência europeia, suas raízes brasileiras. A narrativa é ardorosa e dispensa o academicismo; sendo assim, o ensaio histórico-sociológico é o gênero com o desenvolvimento mais interessante desse período. As tendências de educação política e reforma social produziam registros entusiastas sobre o país e seus interiores e costas. Havia uma profusão de cenários e a linguagem era contaminada com regionalismos que a libertavam do oficialismo literário. As expressões do pensamento brasileiro assumiam, na maioria das vezes, a forma literária. A sociologia aparecia mais como ponto de vista do que como pesquisa da realidade. Os ensaios sócio-históricos, como *Raízes do Brasil*, combinam imaginação e observação, ciência e arte, constituindo um característico traço do pensamento social brasileiro, contribuindo para a formação de uma consciência nacional e direcionando a pesquisa aos problemas brasileiros.

Sérgio Buarque de Holanda é um dos autores que bem representa esse período. Nasceu em São Paulo em 11 de julho de 1902 e morreu em 1982. É autor de dois grandes clássicos da historiografia e da sociologia brasileiras: os livros *Raízes do Brasil* e *Visão do paraíso*. Se *Raízes do Brasil*, publicada em 1936, é considerada um clássico, o prefácio, escrito por Antônio Candido em 1967, também o é. Candido considerou a obra um dos livros fundamentais para entendermos o país. Assim, *Raízes do Brasil* traz uma preocupação com o futuro e sua intenção é transformadora, pois faz uma proposta política que aspira a superação do passado brasileiro, de nossa herança ibérica. Nesse sentido, segundo Candido (1998), ela foi revolucionária.

A marca de Sérgio Buarque de Holanda vai desde a interpretação radicalmente democrática com que compreendeu as transformações em curso no Brasil das décadas de 1920 e 1930 até sua influência inovadora como historiador responsável pela formação de grande parte das gerações seguintes. Em uma perspectiva democrático-burguesa, sem se render ao fascismo ou ao comunismo, o autor apresentou análises que trouxeram um caráter nacional, formulado por uma proposta de ruptura com nossa herança escravagista e colonial.

Não há espaço, aqui, para a avaliação em profundidade de sua contribuição para o estudo da formação social brasileira. Apenas podemos dizer que a obra traz aplicações do que Max Weber denominou *tipos ideais*,

> A marca de Sérgio Buarque de Holanda vai desde a interpretação radicalmente democrática com que compreendeu as transformações em curso no Brasil das décadas de 1920 e 1930 até sua influência inovadora como historiador responsável pela formação de grande parte das gerações seguintes.

em contraposições dicotômicas como trabalho e aventura, racional e cordial, pessoal e impessoal, entre outras. A desorganização social e a desordem são, no pensamento do autor, traços de uma herança ibérica, que não permitem que a sociedade brasileira se desenvolva de maneira mais ordeira. Outra análise de influência weberiana se dá na apropriação do conceito de *patrimonialismo*, no qual aponta relações escusas entre Estado, governantes e classes dominantes.

Há também a descrição positiva do colonizador português, que seria mais capaz de adaptação aos costumes dos povos colonizados do que os demais colonizadores europeus. É no modelo de homem cordial que podemos ver a contribuição brasileira no processo civilizatório, pois, se a racionalidade e a disciplina não se desenvolviam entre os sujeitos nacionais, eram o afeto e outras qualidades pouco racionais (sob uma perspectiva determinada) que produziam a cordialidade tanto defendida no ensaio de Sérgio Buarque de Holanda.

É na superação de um pacto elitista, marcado pelo pensamento escravocrata e dependente da colônia, que o autor vê um caminho para a modernização social e política do Brasil. O modelo antiquado, que o autor liga aos setores agrários nacionais, permite a manutenção de um pacto elitista, obstáculo ao nosso desenvolvimento. Embora algumas críticas o acusem de pessimismo, são justamente as reflexões sobre essa ruptura que possibilitam pensar a nação em uma direção futura, livre da dependência de um modelo defasado que não capitaliza as características peculiares do Brasil.

Por fim, tanto a obra *Raízes do Brasil* quanto o próprio movimento representam um esforço de reajustamento da cultura às condições sociais e ideológicas. A força do modernismo e do livro de Sérgio

Buarque de Holanda está na vontade de encarar essa nova situação, facilitando o desenvolvimento das ciências humanas no Brasil. Os anos de 1920 a 1930 ficarão em nossa história intelectual como um tempo de gratificante convivência e troca de serviços entre a literatura e as ciências sociais.

[3.3]
Caio Prado Júnior: *Formação do Brasil contemporâneo*

Caio Prado Júnior foi um dos primeiros pesquisadores sociais do Brasil a utilizar os conceitos marxistas como fonte explicativa para a compreensão da nossa história. Seu pensamento engloba, além da visão histórica e filosófica, aspectos de geografia, sociologia, economia e política. A formação e o desenvolvimento da nacionalidade brasileira são analisados sob o ponto de vista da herança colonialista e da questão agrária. Por mais que seu pensamento possa parecer ultrapassado, sobretudo em virtude das ideias pós-modernas, podemos dizer que a profundidade de suas análises vai além de qualquer rotulação apressada do marxismo e que seu trabalho trouxe grandes contribuições para a compreensão da sociedade brasileira.

A sociedade colonial e o modo de produção escravista encontram nesse autor uma interpretação que acontece por meio de suas representações ditas mais concretas, materiais.

> Caio Prado Júnior foi um dos primeiros pesquisadores sociais do Brasil a utilizar os conceitos marxistas como fonte explicativa para a compreensão da nossa história.

Dessa forma, constitui-se uma visão diferenciada dos estudos produzidos até então. O autor começa a obra pelo descobrimento do que considera o verdadeiro sentido da colonização do Brasil e os verdadeiros interesses da metrópole, dos senhores e da grande exploração mercantil. Depois, caminha no processo de apresentação da desvalorização total do escravo, visto como uma coisa, um objeto. Ao mesmo tempo, apresenta as bases de exploração e marginalização dos brancos e dos chamados *mestiços*. Nesse contexto, encontram-se todas as bases estruturais da formação de nossa sociedade contemporânea.

Já no início, o autor deixa clara a sua concepção sobre o sentido da formação do Brasil. O país teria se constituído como um braço da colônia portuguesa e de todo o processo colonial. Tinha como único objetivo fornecer produtos para o mercado europeu, proporcionando a acumulação cada vez maior de capital para os países daquele continente.

A originalidade do pensamento de Caio Prado Júnior está em compreender que o período colonial e a formação da sociedade brasileira estão inseridos em um movimento mais amplo, o desenvolvimento do capitalismo na Europa. Nesse sentido, a formação social do Brasil estaria vinculada totalmente aos objetivos da expansão capitalista. Logo, o Brasil estabeleceu um tipo de relacionamento no qual ele, como colônia, estava submetido às ordens da metrópole, servindo como fonte de exploração de riquezas, perpetuando, ao longo da sua história, a relação de dependência com os países do dito *Primeiro Mundo*. Conforme o próprio autor:

> Se vamos à essência da nossa formação, veremos que na realidade nos constituímos para fornecer açúcar, tabaco, alguns outros gêneros; mais tarde, ouro e diamantes; depois, algodão e, em seguida, café para o comércio europeu. Nada mais que isto. É com tal objetivo, objetivo exterior, voltado para fora do país e sem atenção a considerações que não fossem o interesse daquele comércio, que se organizarão a sociedade e a economia brasileiras. Tudo se disporá naquele sentido: a estrutura, bem como as atividades do país. Virá o branco europeu para especular, realizar um negócio; inverterá seus cabedais e recrutará a mão de obra que precisa: indígena ou negros importados. (Prado Júnior, 1976, p. 31-32)

A sociedade brasileira se constituiu voltada para os interesses de um capital externo e não buscou, em nenhum momento da história, criar uma economia independente, preocupada com o desenvolvimento de um mercado interno. Ao contrário, a forma como as relações de produção foram desenvolvidas no Brasil tenderam a reforçar cada vez mais essa situação de dependência do capital externo, na atividade do açúcar, da mineração, do algodão e do café. A base dessa economia está nas estruturas de produção que a fundam: a monocultura, o latifúndio e a mão de obra escrava.

Tais estruturas de produção marcam até hoje a sociedade brasileira por meio do preconceito racial e da gritante desigualdade na distribuição da renda e da terra. A concentração de terras continua sendo um dos grandes problemas da atual sociedade brasileira, pois as pretensas iniciativas de reforma agrária não modificaram a estrutura latifundiária. Continuamos vivendo a velha estrutura latifundiária e monocultora. Por isso, a sociedade se vê marcada por constantes conflitos sociais tanto nas áreas rurais como urbanas. Nem mesmo a industrialização do país, que representava para muitos a salvação da pátria, conseguiu romper com a dependência externa, pois os produtos primários ainda são as principais mercadorias de exportação do país. Porque não conseguiu romper com essa estrutura de dependência, o Brasil também não construiu um processo de transformação:

> O Brasil continuava, três séculos depois do início da colonização, aquela mesma colônia visceralmente ligada (já não falo da sua subordinação política e administrativa) à economia da Europa; simples fornecedora de mercadorias para o seu comércio. Empresa de colonos brancos acionada pelo braço de raças estranhas, dominadas mas ainda não fundidas na sociedade colonial. [...] O Brasil não sairia tão cedo, embora nação soberana, de seu estatuto colonial a outros respeitos, e em que o "Sete de Setembro" não tocou. (Prado Júnior, 1976, p. 125, 127)

O autor explica o porquê de a sociedade brasileira não ter rompido com esse sentido da colonização. Afinal, o Brasil não passou por nenhuma mudança estrutural, uma revolução no sentido marxista, que pudesse quebrar essa influência colonial e criar novas propostas para a sociedade brasileira. A ideia é de um processo de mudanças promovidas pela própria elite colonial, conforme suas necessidades e seus desejos. Não houve uma ruptura profunda que pudesse interromper a lógica estabelecida pelos colonizadores.

Nos estudos de Caio Prado Júnior, a estrutura agrária brasileira, as formas de ocupação e de exploração no campo e, principalmente, o nível de vida da população rural estão em primeiro plano nesse debate, que deveria ser o fio condutor para reestruturação de nossa sociedade de acordo com suas próprias necessidades. Assim, o autor atingiu um nível de análise que garante sua importância não só como marxista e cientista social, mas como *agente histórico*, para adotarmos um termo marxista. Inovou, pois teve a coragem de colocar o dedo em uma ferida que até hoje não cicatrizou. Também realizou uma síntese de todo o processo de exploração e marginalização vivido pela nossa sociedade. Hoje, no século XXI, podemos encontrar em sua obra a gênese de nossos maiores problemas.

Por isso, não precisamos estar de acordo com ele em tudo para ressaltar a sua contribuição. Basta olharmos os noticiários para percebermos que as temáticas são as mesmas, independentemente de posição política. O latifúndio, a monocultura, a dependência do mercado externo, as dificuldades de um povo abandonado pelos órgãos públicos, todos esses problemas já foram apontados por Caio Prado Júnior. Agora, cabe a nossa geração ter a coragem de enfrentar essas questões. Mas isso é uma outra história...

[3.4]
Antropologia na cidade: o outro na urbe

Como aponta Cornélia Eckert (2010) em seu trabalho sobre antropologia urbana, a categoria *cidade* no campo antropológico brasileiro traz trajetos e pistas de uma trilha intelectual coletiva, identificados por meio de um percurso nas grafias de exercícios intelectuais e ações metodológicas relativas ao tema inseridos no processo histórico e político brasileiro.

Assim como em outros campos, a exemplo do religioso, o processo intelectual de construção de um ideal de nação é muito marcado no princípio dessas produções bibliográficas no Brasil (em especial entre as décadas de 1920 e 1960). Em tradições antropológicas e sociológicas de orientação cultural e sociopsicológica, podemos verificar preocupações de ordem interacionista simbólica acerca do binômio cidade-política que organiza as sociedades complexas ocidentais. Há quem diga, inclusive, que existe uma politização da antropologia urbana provocada por análises críticas dos estudos etnográficos elaborados ao longo desse período.

Essas tradições, denominadas por Eckert (2010) de *territórios mitos*, apontam a escola de Chicago e a sociologia de George Simmel, com sua teoria da forma social entre as culturas objetivas e subjetivas e as esferas micro e macrossociais, além da escola de Manchester, com destaque para Max Gluckman, "atento aos processos de transformações sociais e ao dinamismo das relações entre fronteiras simbólicas de grupos e sociedades" (Eckert, 2010, p. 155).

Há, desse modo, um mapeamento e uma representação de sistemas de interações e formas de socialidades, com a apresentação de duas linhas: antropologia urbana e antropologia política ou da política. A primeira dedica-se aos estudos do fenômeno urbano e das dinâmicas socioculturais relacionadas; a segunda abrange estudos que refletem sobre questões plurais acerca das formas de viver a política na vida social. Ambas as linhas têm espaço consolidado em programas de pós-graduação da disciplina.

O início do século XX foi marcado por processos imigratórios e ocupação de terras produtivas, analisados por diferentes estudiosos da cultura brasileira: Sílvio Romero, Euclides da Cunha, Nina

Rodrigues, entre outros. As temáticas de suas reflexões tratam da decadência do mundo econômico arcaico e das migrações rurais para as cidades. Compreender esses fenômenos sociais tornou-se essencial no processo de elaboração da identidade nacional, trazendo ecos da obra de Gilberto Freyre (1994) em relações de aculturação e empréstimos culturais. Esse recurso analítico pode ser percebido entre alguns pesquisadores estrangeiros que se dedicaram aos temas brasileiros, como Emílio Willems, Radcliffe Brown e Claude Lévi-Strauss, que tiveram papel importante na formação de sociólogos e etnólogos do Brasil, a exemplo de Florestan Fernandes e Darcy Ribeiro.

A influência da escola de Chicago é referendada, especialmente, pela presença de Donald Pierson na Universidade de São Paulo (USP). Pierson foi o responsável pela disciplina de Métodos e Técnicas de Pesquisa Social e orientava seus alunos em uma série de exercícios de campo. A prática da etnografia em contextos urbanos tornou-se, assim, central na constituição da antropologia urbana no Brasil. Para Mellati (1984, p. 9-10, citado por Eckert, 2010, p. 159), foi nesse período que se estruturou a antropologia urbana, "quando são identificados os processos de marginalização, favelização, empobrecimento, segregação e discriminação como problemas sociais". Eunice Durham e Ruth Cardoso são duas antropólogas centrais nessa formação. Orientadas por Egon Schaden, ambas tratam de grupos de trabalhadores que passam pela transição entre o labor rural e a inserção no mercado, ainda incipiente, da industrialização. A ideia era abordar o trajeto que essas populações fizeram em direção à cidade e seus processos socioculturais de adaptação ao meio urbano. Em uma perspectiva teórica, que também tem influência marxista, elaborou-se uma guinada crítica da antropologia, que começava a pensar temáticas como *raça* e *classe*.

Durham e Cardoso, para além das dimensões críticas de suas análises, marcam questões metodológicas da disciplina, com técnicas de observação direta, entrevista e *survey* (forma de investigação científica quantitativa, a qual coleta dados que têm como referência opiniões e características de grupos e indivíduos, obtidos, geralmente, por meio de questionários estruturados e entrevistas). Para as pesquisadoras, a preocupação era estudar grupos "socialmente desprivilegiados, econômica e politicamente oprimidos" (Montero, 2004, citado por Eckert, 2010, p. 155), além de movimentos sociais. A ênfase não se dava na dicotomia rural/urbano, mas no processo de transformação e inter-relação entre esses dois mundos, em suas crises, seus conflitos e suas descontinuidades. O período foi marcado por tensões, e o apogeu dos debates acadêmicos marxistas se constituiu em processo de politização da antropologia urbana. Houve uma intensificação das pesquisas no contexto urbano e um exercício relativista e reflexivo provocado pelas transformações do método etnográfico na pesquisa.

Essas tradições antropológicas são, segundo Oliveira (1986), dimensionadas em sua fusão de horizontes, integrando novas teorias sobre relações de poder e dominação, individualismo e identidade relacional (Foucault, Bourdieu, Turner, Balandier, Geertz, Sahlins, Dumont, Barth, Lévi-Strauss), mas fazendo também releituras de clássicos, como as análises de Marcel Mauss e Evans-Pritchard, que ofereciam novos aportes comparativos sobre sociedade moderna e tradicional no contexto político-social brasileiro. Os temas se revezavam, especialmente, entre família, trabalho e movimentos sociais. Isso acabou por marcar a importância dos trabalhos de Gilberto Velho e dos encontros que promovia em suas análises entre tradições antropológicas clássicas e contemporâneas, como o interacionismo simbólico e o estruturalismo histórico.

Nesses panoramas, iniciaram-se alguns debates sobre o tema da *autoridade etnográfica*, que questionavam a construção que o antropólogo elabora, em suas descrições sobre o outro, como algo verossímil ou até mesmo inquestionável, pois essa autoridade estaria calcada na presença do pesquisador em campo. É um debate característico da antropologia feita na cidade ou, como Gilberto Velho afirmava, da antropologia feita em casa, marcada em seu texto "Observando o familiar" (1978), que trazia uma premissa básica do fazer etnográfico em solos brasileiros: estranhar o familiar e familiarizar o estranho.

Nessa antropologia das sociedades complexas, há um estudo de temas sensíveis à vida nas metrópoles, em um projeto proposto por Gilberto Velho. Nas pesquisas de Velho, temas como *desvio* e *divergência* tecem uma crítica da patologia social, percebida nas classes mais altas em cidades como Rio de Janeiro. Há, portanto, uma elaboração da alteridade próxima, levando o estranhamento ao micromundo de unidades familiares, como em seu clássico *Nobres e anjos: um estudo de tóxicos e hierarquia*, publicado em 1998, sob a orientação de Ruth Cardoso.

Esses questionamentos provocaram novas discussões na disciplina, que passou a questionar seu próprio fazer em termos éticos e políticos. Ao tratar da ideia da subjetividade e da sociedade, aparecem temáticas como *gênero*, *conduta sexual estigmatizada*, *violência, envelhecimento, desemprego* etc. O crescimento das cidades é acompanhado pela antropologia, que, além de analisar a inserção de sujeitos rurais na urbe, passou a investigar os grupos urbanos e as dilacerações nesse meio, especialmente no que tange ao aumento da visibilidade da violência urbana. Aprofundaram-se os exercícios etnográficos de alteridade próxima e elaboraram-se teorias da pobreza social.

Um exemplo notório é a obra *A máquina e a revolta: as organizações populares e o significado da pobreza*, da antropóloga Alba Zaluar. Publicada em 1985, a obra traz uma teoria da pobreza social em análises sobre o mito da marginalização das populações de favela. Foi nesse contexto que o binômio pobreza/criminalidade começou a ser investigado de forma mais séria, em elaborações críticas que abordavam também a ideia de violência difusa. Esse livro de Zaluar ficou mais conhecido na época do lançamento da ficção cinematográfica *Cidade de Deus*, de Fernando Meireles, pois o contexto etnográfico pesquisado pela antropóloga foi justamente o primeiro projeto de habitação popular no Brasil: a Cidade de Deus.

É interessante observarmos que, nessa imersão na própria cidade, ainda que balizada pela ideia de alteridade próxima, o poder coercitivo é, em uma perspectiva mais geral, exercido por meio da força e de maneira externa ao indivíduo. Para se aprofundar nessas questões, sugerimos a consulta às obras de Velho e Alvito (2000) e de Akotirene (2018).

Embora incipiente em pesquisa e, especialmente, em políticas públicas, é uma demanda antiga dos movimentos sociais negros, que, desde a década de 1970, levantam a necessidade de debater essa temática bem como de promover reflexões e ações que tratem especificamente da saúde pública da população negra brasileira. Para ver um panorama sobre a relação entre raça, etnia e identidades no contexto da saúde, nossa sugestão é a obra de Maio e Santos (2010).

Por exemplo, há alguns estudos, realizados por diferentes universidades e instituições brasileiras, que apontam os altos índices de hipertensão e riscos cardiovasculares na população negra, fato que tem, entre outras causas, a grande desigualdade em qualidade de vida quando comparada à população de não negros. Sobre esse assunto, sugerimos a consulta a Laguardia (2005).

Nesse contexto, considerado atualmente um teórico racista, temos Arthur de Gobineau (1816-1882), escritor e filósofo francês que ganhou notoriedade com a obra *Ensaio sobre a desigualdade das raças humanas*, publicada em 1855. Acreditava, como diversos de seus discípulos (inclusive brasileiros), que a miscigenação encaminharia a humanidade à degenerescência. Esteve em missão diplomática no Brasil entre 1869 e 1870. Em contraposição, temos as análises de Lévi-Strauss, que tratam de uma estrutura universal do pensamento humano, inscritas em obras como *O pensamento selvagem*, de 1962.

Também sobre a temática, sugerimos a consulta à vida e obra da filósofa e ativista Angela Davis, que teve seus livros publicados recentemente. Entre eles, *Mulheres, raça e classe* (2016).

Muitas pesquisas etnográficas centrais na antropologia mundial foram realizadas em solo brasileiro. Como exemplo, podemos citar as missões e os projetos que trouxeram antropólogos como Lévi-Strauss para o Brasil, entre os anos de 1935 e 1938.

Essas e outras questões são importantes para pensarmos as elaborações acerca de expressões da cultura popular brasileira, dos estudos sobre folclore e, mais recentemente, do que classificamos como *patrimônio imaterial das temáticas raciais*, negras ou indígenas. Todos esses aspectos estão profundamente arraigados na constituição da antropologia no país.

Essa ambivalência exemplifica bem a maneira como as determinações raciais, e o próprio racismo, operam no Brasil. Em análises mais atuais, especialmente aquelas divulgadas por diferentes organizações do movimento negro, temos o conceito de *passabilidade*, em um contexto determinado pelo colorismo, no qual a maior incidência de traços negroides (como quantidade de melanina, cabelos mais crespos ou lábios mais grossos) impelem o indivíduo a um sofrimento maior no racismo estrutural brasileiro. As pessoas dotadas de características fenotípicas mais embranquecidas sofreriam menos os efeitos desse racismo, mas nunca seriam lidos socialmente como brancos.

Atualmente, a comissão responsável por debates relativos à negritude, intitulada *Comissão de Antropólogos(as) Negros(as)*, faz transparecer os sérios debates sobre temas como **representatividade**, além da retomada e da reelaboração de epistemologias negras no campo antropológico. É importante lembrarmos do termo *epistemicídio*, cunhado por Boaventura Souza Santos (1940), que trata do apagamento de teorias negras e não eurocêntricas na constituição de campos científicos. Apropriada por intelectuais como Sueli Carneiro, a crítica ao epistemicídio negro propõe o diálogo e elaborações teóricas construídas por aqueles que foram submetidos aos processos de colonização.

As organizações populares foram a base para a pesquisa de experiências dessa participação no engajamento político, por meio, por exemplo, das Comunidades Eclesiais de Base (CEBs), tratadas por pesquisadoras como Carmem Macedo (1986), orientanda de Eunice Durham. Tais estudos serviram, posteriormente, como fundamento para a compreensão de movimentos sociais tanto na urbe quanto no meio rural em transição, como o Movimento do Trabalhadores Rurais Sem Terra (MST), os sindicatos e outros.

Na esteira das produções antropológicas sobre a cidade e seus efeitos sobre as práticas da disciplina, aparecem ainda temáticas como individualismos e holismos, cidadania e cultura e cultura popular, bem como seus desdobramentos etnográficos. Um dos expoentes, nesse contexto, é o antropólogo Roberto DaMatta, que, ao pensar as dinâmicas urbanas, reflete sobre as relações entre a casa e a rua e sobre como o povo brasileiro trata do que é doméstico e do que é público. Ficam marcados, assim, exercícios de leitura social da rua que passam por processos de domesticação realizados por laços de afinidade.

Para DaMatta, a cordialidade do homem brasileiro, desse modo, ficaria restrita ao espaço da intimidade, da casa. Na rua, apresenta ações inoportunas, que traduzem a ambiguidade entre as noções de indivíduo e pessoa, como já havia postulado em uma de suas obras mais importantes, *Carnavais, malandros e heróis*, publicada em 1979. Nesse contexto, embora a cidade não seja o tema central para DaMatta, é por meio dela que ele busca compreender a sociedade brasileira, que mantém lógicas de distinção e enfatiza relações de poder que reforçam hierarquias e permitem que injustiças sociais se perpetuem.

Portanto, é importante questionarmos qual a especificidade da antropologia urbana quanto aos outros objetos pesquisados pela disciplina. Se, como apontamos anteriormente, existe uma tendência do pensamento antropológico em construir grandes divisores, isso não significa necessariamente que tais divisões não devam ser problematizadas. No caso da antropologia urbana, a construção como campo de conhecimento integra uma história recente se comparada à longa tradição da disciplina no estudo de sociedades indígenas, por exemplo.

O crescente desenvolvimento de diversas pesquisas no meio urbano é fruto de uma expansão da própria ideia de quais seriam os campos legítimos de atuação do antropólogo. Além disso, Augé (1994) cita a recente tendência de os etnólogos escolherem como campo de trabalho a Europa, o que não se dá pelo fato de os campos distantes estarem se fechando. Ou seja, não se trata de uma antropologia por falta de algo, mas sim por razões positivas, pelo próprio desenvolvimento da antropologia que levou "a questionar a oposição Europa/lugares distantes" (Augé, 1994, p. 15).

Com relação ao objeto propriamente dito, devemos questionar se a confecção de *universos significativos*, como chama Augé (1994, p. 18), ou a construção da representatividade do objeto empírico de pesquisa, deve ser colocada de modo diferente em um grande reino africano e em uma empresa da periferia de Paris. Sobre essa questão fundamental, é necessário enfatizarmos que a antropologia não se define pelo seu objeto de pesquisa, ou seja, pelo estudo de um outro não ocidental e distante, mas sim por uma forma específica de conhecimento das diferenças produzidas historicamente por meio do diálogo entre teoria acadêmica e pesquisa de campo

(Peirano, 1995). Nesse sentido, a antropologia pode ser caracterizada pelo modo de olhar, de compreender seu objeto de pesquisa, e não necessariamente pelos objetos com os quais tradicionalmente trabalha. Isso demonstra que existe uma convergência intelectual e de interesses dos antropólogos por lugares mais distantes e por aqueles que pesquisam sua própria sociedade.

Para Magnani (2002), não precisamos desenvolver malabarismos pós-modernos para aplicarmos com proveito a etnografia a questões próprias do mundo contemporâneo. Para o autor, desde as primeiras pesquisas de campo,

> a antropologia vem desenvolvendo e colocando em prática uma série de estratégias, conceitos e modelos que, não obstante as inúmeras revisões, críticas e releituras (quem sabe até mesmo graças a esse continuado acompanhamento exigido pela especificidade de cada pesquisa) constituem um repertório capaz de inspirar e fundamentar abordagens sobre novos objetos e questões atuais.
> (Magnani, 2002, p. 1)

Magnani (2002) e Zaluar (1999) apresentam perspectivas semelhantes quando analisam as abordagens sobre as cidades feitas pelos cientistas sociais. Basicamente, os autores apontam duas perspectivas de análises. A primeira diz respeito aos trabalhos que definem a cidade, o urbano, com base na perspectiva da negação, ou seja, definem os países do chamado *mundo subdesenvolvido* segundo a ausência de características de bem-estar social, que são definidos pela sua "pobreza". A segunda contempla a visão da cidade como uma metrópole urbana do Primeiro Mundo, com sobreposições de imagens, os não lugares e os pontos de encontros virtuais.

> O método antropológico propõe-se a compreender não só os aspectos anteriormente citados, mas também a forma pela qual cada um dos agentes (moradores, visitantes, trabalhadores, setores organizados, segmentos excluídos etc.) usa e se apropria de cada uma das modalidades de relações espaciais produzidas na cidade.

Os autores afirmam também que essas análises têm como consequências as ideias de entendimento do urbano como reflexo da negligência dos órgãos governamentais, como um efeito da ausência do Estado – sobre isso, veja Velho e Alvito (2000). Esse modelo estereotipa a violência e a trata nos moldes do clássico positivismo, como um câncer no interior de um corpo perfeito.

> [...] ainda que por motivos diferentes, essas duas perspectivas – aqui polarizadas para efeito comparativo e de contraste – levam a conclusões semelhantes no plano da cultura urbana: deterioração dos espaços e equipamentos públicos com a consequente privatização da vida coletiva, segregação, evitação de contatos, confinamento em ambientes e redes sociais restritos, situações de violência etc. (Magnani, 2002, p. 12)

Esse esquematismo é bastante difundido nos discursos que a mídia produz e também em análises acadêmicas dos problemas sociais, como nos mostra Magnani (2002, p. 12): "é justamente no estereótipo que reside o sucesso da fórmula". No debate sobre as questões urbanas, podemos destacar algumas características comuns: a ausência dos atores sociais e a cidade como algo à parte, destituída de seus moradores, de seus pontos de encontro e das redes de sociabilidade. Quando os moradores aparecem, eles são representados como agentes do capital (financistas, investidores etc.). Já os moradores e suas formas de sociabilidade só aparecem na qualidade da parte passiva, sem incorporar suas práticas, suas ações e suas visões de mundo.

Uma vez que o objeto de nossa atenção pertence ao reino das ideias e dos discursos, podemos dizer que as definições dadas pela antropologia aos temas relacionados ao meio urbano devem ser sempre provisórias e inferidas em casos particulares. Sabemos que estudos longos e de diferentes formas já foram realizados para compreender, responder e tematizar essa questão. Nessa perspectiva, cada sociedade e cada cultura impõem ao pesquisador problemas diferenciados, tornando a questão multifacetada. Dada essa condição, há um esforço para reconhecermos as especificidades em diferentes níveis de intensidade, marcados por uma apropriação cultural (Zaluar, 1985).

O método antropológico propõe-se a compreender não só os aspectos anteriormente citados, mas também a forma pela qual cada um dos agentes (moradores, visitantes, trabalhadores, setores organizados, segmentos excluídos etc.) usa e se apropria de cada uma das modalidades de relações espaciais produzidas na cidade. Para isso, é necessário pensarmos nesses diferentes agentes e nessas diferentes modalidades não de forma atomizada, mas sim sob uma perspectiva mais ampla, na qual a diversidade possa ser incorporada. Conforme Magnani (2002, p. 15-16), "toda essa diversidade leva a pensar não na fragmentação de um multiculturalismo atomizado, mas na possibilidade de sistemas de trocas de outra escala, com parceiros até então impensáveis, permitindo arranjos, iniciativas e experiências de diferentes matizes".

Sobre a relação de estranhamento necessária ao antropólogo que estuda sua própria sociedade, Magnani (2002, p. 17) insiste na perspectiva etnográfica como forma legítima e adequada de explicação da realidade:

> Em suma: a natureza da explicação pela via etnográfica tem como base um *insight* que permite reorganizar dados percebidos como fragmentários, informações ainda dispersas, indícios soltos, num novo arranjo que não é mais o arranjo nativo (mas que parte dele, leva-o em conta, foi suscitado por ele) nem aquele com o qual o pesquisador iniciou a pesquisa. Este novo arranjo carrega as marcas de ambos: mais geral do que a explicação nativa, presa às particularidades de seu contexto, pode ser aplicado a outras ocorrências; no entanto, é mais denso que o esquema teórico inicial do pesquisador, pois tem agora como referente o "concreto vivido".

Logo, o que se propõe é reavivar o método etnográfico aplicando-o aos contextos específicos produzidos no meio urbano. Ou seja, a antropologia deve utilizar-se da sua experiência de anos de pesquisa de campo em lugares longínquos para apurar seu olhar para as questões mais "caseiras", segundo Peirano (1995), buscando o que Magnani (2002) chama de *um olhar de perto e de dentro*, que seja capaz de identificar, descrever e refletir sobre aspectos excluídos da perspectiva daqueles enfoques anteriormente apontados, os quais, para efeito de contraste, o autor qualifica como de *um olhar de fora e de longe*.

Essa mudança de foco, de perto e de dentro, possibilita a vantagem de não opor, no cenário das grandes metrópoles, o indivíduo e as grandes estruturas urbanas. Reafirma a ideia da constituição de grupos e de redes sociais mesmo em espaços tradicionalmente marcados pela literatura como produtores de massas homogêneas e indivíduos isolados. Assim, o autor diz:

> A simples estratégia de acompanhar um desses "indivíduos" em seus trajetos habituais revelaria um mapa de deslocamentos pontuados por contatos significativos, em contextos tão variados como o do trabalho, do lazer, das práticas religiosas, associativas etc. É neste plano que entra a perspectiva **de perto e de dentro**, capaz de apreender padrões de comportamento, não de indivíduos atomizados, mas dos múltiplos, variados e heterogêneos conjuntos de atores sociais cuja vida cotidiana transcorre na paisagem da cidade e depende de seus equipamentos. (Magnani, 2002, p. 17, grifo do original)

Essa perspectiva supõe que o antropólogo invista em dois pontos fundamentais. O primeiro diz respeito aos atores, aos grupos e às práticas que estão sendo estudados. O segundo refere-se aos locais em que essas práticas se desenvolvem, entendidos não como um cenário teatralizado da realidade, mas como parte constitutiva do objeto de análise. Isso é o que caracteriza o enfoque da antropologia urbana, diferenciando-o da abordagem de outras disciplinas.

Afinal, existe uma especificidade que caracteriza os estudos de antropologia urbana? Magnani (2002) defende que se parta dos atores sociais em seus múltiplos, diferentes e criativos arranjos coletivos, entendendo que seu comportamento, na paisagem da cidade, não é errático, mas apresenta padrões. Para o autor, é necessário partir das regularidades, dos padrões, e não das fragmentações, como condição para uma pesquisa, ou seja, da ideia de que é possível pensar na totalidade como pressuposto. Logo, "se não se pode delimitar uma única ordem, isso não significa que não há nenhuma; há ordenamentos particularizados, setorizados; há ordenamentos, regularidades" (Magnani, 2002, p. 19). Dessa forma, a etnografia construída no meio urbano deve identificar fenômenos experimentados e reconhecidos pelos atores sociais e também ser transcrita para categorias culturais mais amplas, ou seja, deve apresentar o contexto da experiência e proporcionar inteligibilidade para essa experiência por meio de princípios explicativos acumulados pela tradição da disciplina.

A especificidade reside nas formas como as categorias culturais são entrelaçadas. Pensar em trabalho e família, por exemplo, não explica em nada qual é o arranjo que essas categorias culturais adquirem no meio urbano ou rural. Agora, quando buscamos compreender a especificidade dessas categorias nos dois contextos, percebemos que adquirem significados e arranjos culturais totalmente diferentes conforme a lógica local. Portanto, precisamos compreender as categoriais culturais locais, aquelas que são definidoras de uma ordem, pois é por meio dessas categorias empíricas que podemos passar do particular etnográfico para as categorias teóricas da antropologia (Woortmann, 1990).

Para captarmos essa dinâmica, devemos situar o foco de análise nos arranjos culturais, em um nível intermediário entre as grandes estruturas e as escolhas individuais. Nesse plano de análise, podemos distinguir a presença de padrões e regularidades, construindo algum tipo de totalidade e proporcionando uma inteligibilidade dialógica entre as categorias culturais e as teorias antropológicas.

Síntese

A terceira parte deste livro buscou aproximar a constituição da antropologia da elaboração do pensamento social no Brasil. Para isso, apresentamos autores que, em perspectiva antropológica (mas também histórica e sociológica), teceram ideias iniciais sobre nossa nação.

Trouxemos à baila obras centrais de Gilberto Freyre, Sérgio Buarque de Holanda e Caio Prado Júnior, no intuito de pensar as dinâmicas de colonização e o contato com a alteridade, bem como a transição de um país rural para um país industrializado. Integrados a esse panorama, tratamos de trabalhos de etnologia indígena e antropologia urbana segundo autores como Gilberto Velho, Roberto da Matta e José Guilherme C. Magnani.

Indicações culturais

CANDIDO, A. Literatura e cultura de 1900 a 1945. In: CANDIDO,
    A. **Literatura e sociedade**: estudos de teoria e história literária. São Paulo: T. A. Queiroz, 1998. p. 109-138.
    O capítulo indicado desse livro demonstra, por meio da pesquisa de diversos etnográficos, como a abordagem dos rituais é frutífera, especialmente nos eventos políticos contemporâneos.

REGO, J. L. do. **Fogo morto**. Rio de Janeiro: J. Olympio, 2012.
Trata-se da obra-prima do escritor, lançada em 1943. Com linguagem forte e poética, mostra a decadência dos engenhos de cana-de-açúcar. É inserida pela crítica literária como parte da segunda fase do Modernismo brasileiro.

RÊGO, R. M. L. **Sentimento do Brasil**: Caio Prado Júnior – continuidade e mudanças no desenvolvimento da sociedade brasileira. Campinas: Ed. da Unicamp, 2000.
Nesse importante livro, o autor analisa a obra de Caio Prado Júnior, desvendando as bases de sua teoria e também as afetividades que compõem sua forma de pensar o Brasil e de escrever sobre ele.

VIDAS secas. Direção: Nelson Pereira dos Santos. Brasil, 1963. 115 min.
Baseado no livro homônimo de Graciliano Ramos, o filme conta a história de uma família com dois filhos e uma cachorra que, em 1941, pressionados pela seca, atravessam o sertão nordestino em busca da sobrevivência.

Atividades de autoavaliação

1] O que conforma o Brasil como nação?

Com base nesse questionamento, autores como Gilberto Freyre elaboraram as primeiras teorias que tentaram explicar nossas práticas sociais. Qual das alternativas define o pensamento freiriano?

a) A miscigenação é um elemento-chave da conquista do trópico, no entanto, é a mistura das raças que impede a civilização do país.

b) Devido ao processo de colonização, negros, índios e mestiços são responsáveis pelo atraso da nação brasileira.

c) O Brasil, assim como outros países das regiões dos trópicos, tende ao subdesenvolvimento e à miséria, pois o clima impede um processo civilizatório eficaz.

d) Os descendentes de europeus são os verdadeiros responsáveis pela civilidade que existe em nosso país.

e) Há, no Brasil, uma relação intrínseca entre senhores e escravizados, em um amálgama de violência e afeto que possibilita uma convivência harmoniosa entre as raças que compõem a nação.

2] Entre as influências que conformaram o pensamento de Sérgio Buarque de Holanda, está um movimento artístico e literário chamado:
a) Impressionismo.
b) Expressionismo.
c) Modernismo.
d) Surrealismo.
e) Dadaísmo.

3] O brasileiro, para Sérgio Buarque de Holanda, tem a seguinte característica:
a) Racional.
b) Cordial.

c) Individualista.
d) Racista.
e) Nenhuma das alternativas anteriores está correta.

4] A respeito das ideias desenvolvidas sobre o trabalho de Caio Prado Junior, marque a afirmação **incorreta**:
   a) As estruturas de produção marcam até hoje a sociedade brasileira por meio do preconceito racial e da gritante desigualdade na distribuição da renda e da terra.
   b) Continuamos vivendo a velha estrutura latifundiária e monocultora. Por isso, a sociedade se vê marcada por constantes conflitos sociais tanto nas áreas rurais como urbanas.
   c) Houve uma ruptura profunda que interrompeu a lógica estabelecida pelos colonizadores.
   d) Nem mesmo a industrialização do país, que representava para muitos a salvação da pátria, conseguiu romper com a dependência externa, pois os produtos primários ainda são as principais mercadorias de exportação do Brasil.
   e) O modo de exploração na área rural foi análogo ao processo de industrialização brasileiro.

5] Aponte a alternativa que **não apresenta** uma característica da antropologia urbana:
   a) A especificidade que caracteriza seus estudos desapareceu ao longo do tempo. Os atores sociais, em seus múltiplos e diferentes arranjos coletivos, são erráticos e não apresentam padrões.

b) Propõe uma mudança de foco, de perto e de dentro; possibilita a vantagem de não opor, no cenário das grandes metrópoles, o indivíduo e as grandes estruturas urbanas.

c) Reafirma a ideia da constituição de grupos e de redes sociais mesmo em espaços tradicionalmente marcados pela literatura como produtores de massas homogêneas e indivíduos isolados.

d) O antropólogo deve investir em dois pontos fundamentais: primeiro, nos atores, nos grupos e nas práticas que estão sendo estudados; segundo, nos locais em que essas práticas se desenvolvem como parte constitutiva do objeto de análise.

e) A especificidade reside nas formas como as categorias culturais são entrelaçadas na cidade.

Atividades de aprendizagem

Questões para reflexão

1] Pesquise na internet comunidades indígenas que tenham projetos nas mídias virtuais. Com base nas informações fornecidas pelo grupo pesquisado, relate seus resultados e suas conclusões.

2] Faça um paralelo entre a obra *Casa-grande & senzala* e os espaços urbanos contemporâneos. É possível construir esse paralelo? Justifique sua resposta.

Atividade aplicada: prática

1] Consulte na internet, em jornais ou em revistas exemplos de discursos e práticas que, na atualidade, ainda reforçam as ideias de aculturação e assimilação dos povos indígenas na sociedade nacional.

Poder e política como temas antropológicos
[Capítulo 4]

Perceber e compreender as dinâmicas da organização social foram, desde o início da antropologia, uma questão central. A partir da década de 1940, com a publicação de algumas etnografias que colocavam as relações de poder como foco de suas análises, o campo da antropologia política – e, mais tarde, da antropologia da política – ampliou suas perspectivas. Assim, dimensões como rituais e estética passaram a integrar o fazer etnográfico voltado a esses campos.

No Brasil, marchas e festas constituem o trabalho de campo de muitos antropólogos, que somam ainda processos eleitorais e o personalismo para pensar nossas práticas políticas. São essas as questões que norteiam este capítulo.

[4.1]
Organização social e sistemas políticos como temática antropológica

Como disciplina científica, a antropologia é conformada especialmente por seus dados etnográficos, ou seja, é o trabalho de campo que ofereceu e segue oferecendo subsídios para os trabalhos teóricos. Em alguns clássicos, como *Os nuer*, de Evans-Pritchard (1940), e *Sistemas políticos da Alta Birmânia*, de Edmund Leach (1954), a temática da política articula as interações e as análises observadas em contextos etnográficos bem diferentes, o que permite a elaboração de uma unidade narrativa acerca das lógicas que ordenam as relações desses grupos. Como afirma Kuschnir (2007, p. 163), "o interesse da antropologia pela política existe desde os primórdios da disciplina, uma vez que o estudo de sociedades e relações sociais é estreitamente ligado à temática das relações de poder".

Os estudos de sistemas de poder em sociedade ditas *primitivas*, desde a antropologia evolucionista, foram foco de análises comparativas com as sociedades modernas, a fim de justificar a proposição de uma linha evolutiva das organizações políticas. O entendimento da organização social dos grupos e das etnias pesquisados, marcados pela ausência de um sistema político formal (como conhecido nas sociedades ocidentais), ou seja, do Estado, faz com que tais grupos e etnias sejam tomados como subárea de estudos, com a realização de etnografias no contexto colonial anglo-africano. Nesse sentido, ganham relevância os estudos de parentesco – e aí a etnologia indígena torna-se essencial – para se pensar a coesão e a hierarquia em grupos diversos. Ainda de acordo com Kuschnir (2007), o poder e as relações que os estudos de parentesco engendram foram, ao longo do tempo, discutidos por meio de temáticas como **conflitos**, **rituais**, **mitos**, **identidades**, *status*, **representações** e **práticas**.

Assim, por mais que o pensamento de que o poder está em tudo tenha recebido críticas severas, foi entre as décadas de 1940 e 1950 que o campo da antropologia política se consolidou (Easton, 1959, citado por Kuschnir, 2007, p. 164). Seu desenvolvimento seguiu na esteira das transformações mundiais, desde os embates entre comunismo, socialismo e capitalismo até as reflexões sobre o pós-colonialismo e o surgimento de movimentos sociais, incluindo os identitários e raciais e, obviamente, os estudos e as ações feministas. Todas essas áreas de estudos, balizadas por discussões sobre poder e política, moveram estruturalmente as bases da antropologia.

Plano que articula a ação humana, o poder, na antropologia, é tema clássico e constantemente revisitado. Ao voltarmos a atenção para Evans-Pritchard, pesquisador britânico que tem obras relevantes para a trajetória da disciplina, veremos que, em sua obra *Os nuer*, ele discorre sobre a estrutura e os sistemas políticos dos nuer, sociedade composta por diversas tribos no Sudão, às margens do rio Nilo, na África. Nas suas análises, questiona se é possível e se é correto discutir as instituições políticas de um povo primitivo apenas fazendo referências mais simples a sua vida doméstica e ao parentesco. Nessa perspectiva, as afirmações de Evans-Pritchard são direcionadas para a ideia de que os fatos são subordinados à teoria. E é nessa linha que seguem suas descrições e sua análise sobre a constituição social dos nuer.

Portanto, dada a partir de segmentos, é essa divisão que integra o sistema político daquele povo. Desse modo, todos que estiverem em contato, direto ou indireto, com costumes comuns e falando a mesma língua, são englobados nesse sistema. O maior segmento, chamado de *seção primária*, é a tribo, dividida em várias tribos, determinadas por uma linhagem, ou seja, uma origem comum. Uma tribo se divide em segmentos territoriais, isto é, divisões geográficas denominadas *seções secundárias*. Estas, por sua vez, se dividem em aldeias, que recebem a classificação de *seções terciárias*. As aldeias são formadas por indivíduos ligados entre si por parentesco, real ou ficcional (por exemplo, com estrangeiros), ou seja, por laços domésticos.

> A malha de laços de parentesco que liga os membros das comunidades locais é causada pela eficácia de regras exogâmicas (quando os casamentos se dão com pessoas fora de seu grupo social), frequentemente colocadas em função de gado. A união do matrimônio é realizada através do pagamento em gado e todas as fases do ritual são marcadas pela transferência ou sacrifício do mesmo. O *status* legal dos cônjuges e dos filhos é determinado por direitos e obrigações sobre o gado. (Evans-Pritchard, 1978, p. 25)

De acordo com Evans-Pritchard (1978), os nuer não têm leis nem governo. Seu chefe é o chefe em pele de leopardo, e ele não representa uma autoridade, mas sim uma entidade sagrada, que tem autoridade somente em momentos rituais – retomaremos isso mais adiante. O autor caracteriza os nuer como um povo democrático, bastante hostil, inclinado aos conflitos e às lutas. Conforme o autor, existe pouca solidariedade interna nas tribos nuer e os enfrentamentos são constantes. Problemas que não sejam de homicídios são resolvidos com ressarcimento material à família do violentado pela do infrator.

Os casos de homicídio são resolvidos com a vendeta, ou seja, a família do morto se empenha em matar o assassino para vingar o morto. Conforme Evans-Pritchard (1978, p. 59), "explicar a guerra entre os Nuer e Dinka fazendo referências somente a gado e pastos é simplificar demais. [...] mas a luta em si somente pode ser totalmente compreendida enquanto processo estrutural [...]".

De uma forma geral, podemos perceber que, apesar da amplitude do sistema social dos nuer, Evans-Pritchard tenta desvendar o sistema político e a relação de todos os povos com eles envolvidos, acreditando ser capaz de estudar de forma fragmentada um sistema social.

Já a obra *Sistemas políticos da Alta Birmânia*, de Edmund Leach, traduziu grande parte dos esforços do antropólogo em definir o que seriam as estruturas sociais e a organização política dos kachin, por meio da observação desse povo do nordeste da Birmânia e de sua sociedade pautada em um ambiente de constante mudança. Como afirma o autor, não eram os fatos etnográficos que guardavam novidade, mas a interpretação destes. É uma característica que fica clara na apresentação (tão refinada quanto a obra de Leach) feita pela antropóloga brasileira Lygia Sigaud para a última edição do livro até o momento. É na descrição da biografia e da personalidade do intelectual – baseada em extensa documentação e bibliografia – que Sigaud ilumina suas propostas teóricas, quase sempre provocativas. Determinado, irônico e dono de um capital simbólico diferenciado para os padrões da academia nas ciências humanas, Leach, engenheiro oriundo de uma família abastada, começou sua trajetória na antropologia pelo contato com Raymond Firth. Já no início de sua carreira, propôs novas formas de pensar os modelos hegemônicos de explicação postulados por grandes nomes da antropologia na época, como Radcliffe-Brown e Evans-Pritchard.

Entre as contribuições oferecidas por Leach, está a crítica acerca da relação entre a terminologia do parentesco e os comportamentos sociais. Para ele, as traduções das terminologias nativas pelos antropólogos apresentavam equívocos em sua equivalência na língua inglesa. Essas inconsistências davam-se também pelo apoio excessivo na descrição dos informantes para identificar as normas de comportamento, o que (como também já havia verificado Malinowski) não correspondia exatamente à norma. Logo, os comportamentos não poderiam ser deduzidos de representações idealizadas. Assim, "Leach já oferecia à antropologia um outro ponto de vista a respeito dos modos de produzir conhecimento" (Leach, citado por Sigaud, 2014, p. 22). Da escolha do campo à abordagem teórica, o antropólogo contrapõe-se a seus pares, que construíam modelos hegemônicos sobre os sistemas políticos africanos (Fortes; Evans-Pritchard, 1961), em análises que deixavam de levar em conta as mudanças, apostando em um suposto equilíbrio dos sistemas sociais. Os conceitos abstratos e o hiato entre os modelos idealizados dos sistemas e as incongruências da sociedade são alvos constantes de suas elaborações. O ganho, desse modo, estava em apontar as inconsistências e as disparidades na utilização desses modelos. Entram no cenário de suas análises os indivíduos, que são percebidos como agentes ativos – conforme aponta Sigaud (2014) em seu texto de apresentação na edição brasileira de *Sistemas políticos da Alta Birmânia* – e podem ganhar e perder poder, ocasionando as mudanças sociais. As relações entre os kachin e os chan serve de base, portanto, para a sua teoria sobre a relação entre cultura e estrutura.

[4.1.1]
Sobre chefias e o exercício do poder

No capítulo "A questão do poder nas sociedades primitivas" (da obra *Arqueologia da violência*, publicada em 1980), Pierre Clastres aponta algumas de suas articulações centrais sobre a questão do poder em sociedades primitivas. Para ele, nas sociedades sem Estado, o poder não está separado da sociedade; não se pode isolar uma esfera política distinta da esfera do social. Nesse contexto, o social é o político e o político é o exercício do poder. Assim, a política nas sociedades primitivas se dá exatamente na oposição intermitente ao aparecimento de um órgão separado do poder, impedindo o "encontro de antemão fatal entre instituição da chefia e exercício do poder" (Clastres, 2004a, p. 108). É a sociedade, como totalidade, que detém o poder e o controla para que o desejo de prestígio de seus chefes não se transforme em desejo de poder. Se deter o poder é exercê-lo, recusa-se a desigualdade e também o desejo de poder e seu inverso, a submissão.

A chefia é, portanto, incumbida de uma série de tarefas em um sistema de trocas de palavras e ações – da estratégia de aliança e das táticas de guerra – e que tem a presença de mulheres, que contribuem na produção de excedentes direcionados a rituais. O autor ressalta que a atenção (nem sempre) dada à palavra do chefe não deve se tornar discurso de poder, constituindo-se como manifestação do ponto de vista da sociedade. Se sua argumentação aponta que são ideológicos os preceitos que postulam as sociedades primitivas por meio da classificação *sem Estado* (para continuação da existência entre dominantes e dominados), é para construir uma concepção de *contra-Estado* e revelar a constante vigilância ameríndia para seu não aparecimento.

Em texto que inaugura as concepções clastreanas sobre o político nas sociedades primitivas publicado em 1974, o autor inicia seus debates questionando a ideia da falta legada aos grupos indígenas. A perspectiva evolucionista, que coloca sociedades "sem Estado" no início de uma linha de "desenvolvimento" político, é, então, desnaturalizada. Há economia, história e política nessas sociedades que – como argumenta – buscam incessantemente a igualdade e a inexistência de um poder coercitivo. A respeito da economia indígena, suas análises seguem no sentido do contra: se os excedentes são reduzidos e produzidos apenas com as horas de trabalho comumente realizadas, é porque essas sociedades de abundância não desejam ser sociedades de superabundância.

Como afirma Clastres (2004a), não é no econômico que se encontra a origem do político. O chefe não se institui de uma autoridade e a palavra é o único poder a ele concedido. No entanto, como reitera o autor, mais que um poder, a palavra é um dever e, em seus discursos, a centralidade não estaria no conteúdo ou nos sentidos de suas palavras, mas no seu proferimento. Assim como na guerra, o que está em jogo nas relações de prestígio e poder (poder não coercitivo) é o domínio da técnica – da oratória e da guerra. Um bom chefe sabe exercer suas tarefas, não a bel-prazer, mas orientado pelos desejos de todos, ou seja, pela sociedade. Já o poder coercitivo é, em uma perspectiva mais geral, exercido por meio da força, de maneira externa ao indivíduo.

[4.2]
Rituais e estética como dimensões de poder

Tema central para a elaboração das teorias antropológicas, o ritual estruturou diversas análises e segue orientando a produção científica na área. O estudo das relações de poder, e também da política, como traremos neste tópico, estabelecem, em vários estudos etnográficos, o rito e seus planos estéticos como organizadores das relações de poder. Para tal, veremos alguns autores que tratam, téorica e etnograficamente, das perspectivas rituais em análises antropológicas, em especial aquelas que se voltam às reflexões sobre poder e política. Um desses autores é Mariza Peirano, docente da Universidade de Brasília (UnB), responsável pelo Núcleo de Estudos de Antropologia da Política (Nuap) e pelo estudo sobre a importância do fazer etnográfico na disciplina.

Em que sentido a concepção de ritual nos auxilia na pesquisa antropológica? Essa é a pergunta que guia os comentários introdutórios sobre a temática na coletânea *O dito e o feito: ensaios de antropologia dos rituais*, organizada por Peirano e publicada em 2002. Nesse livro, a autora segue pelas trilhas do que novos dados etnográficos podem trazer de inovação para construir a teoria antropológica. Para apresentar os ensaios, são desenvolvidos alguns pontos que colaboram na compreensão destes como um conjunto, entre eles o esboço de definição para rituais: "são tipos especiais de eventos, mais formalizados e estereotipados e, portanto, mais suscetíveis à análise porque já recortados em termos nativos" (Peirano, 2002, p. 8).

Desse modo, propõe-se que não são apenas os antropólogos que definem o que é *ritual*, pois a construção de seu sentido é realizada por meio da etnografia. Assim, a fala como ação nos rituais – inspirada na obra de Austin (1962, citado por Peirano, 2002) e na teoria que trata dos efeitos do pronunciamento das palavras (atos performativos) – é tão ou mais importante que o pensamento. Portanto, a importância de Peirce (1955, citado por Peirano, 2002) e seus conceitos de *ícone* e *índice* e de Jackobson (citado por Peirano, 2002), com a ideia de contexto da situação e as funções emotiva, denotativa, poética, referencial, fática e metalinguística. É essa perspectiva que orienta as análises dos autores presentes no livro de Peirano (2002), em leituras baseadas não só na obra de Austin, Peirce e Jackobson, mas especialmente de Tambiah (1985, citado por Peirano, 2002). A dimensão teórico-política do ato e do processo "que nasce da temporalidade do evento, da criatividade do vivido, da perda e do ganho inevitáveis do instante histórico" (Peirano, 2002, p. 10) traz um foco mais no fazer do que no que se diz fazer:

> Não é possível, portanto, separar o dito e o feito, porque **o dito é também feito**. Considerando-se esta dimensão básica, é preciso então ressaltar que a etnografia é bem mais que um mero descrever de atos presenciados ou (re)contados – a boa etnografia leva em conta o aspecto comunicativo essencial que se dá entre o pesquisador e nativo, o "contexto da situação", que revela os múltiplos sentidos dos encontros sociais. (Peirano, 2002, p. 11, grifo do original)

Peirano (2002) também destaca a obra de Lévi-Strauss, pensador que conseguiu sintetizar o passado da disciplina, harmonizando-a com as preocupações existentes na época. Para além da sua produção ser obra de continuidade ou ruptura com a disciplina, como afirma a autora, é certo que deu contornos definidos à premissa de que os seres humanos – independentemente de qualquer condição –, além de serem racionais, compartilham uma mesma forma de pensamento (em termos binários), com religião, ciência e magia próprias. A diferença entre estas, como colocado na obra *O pensamento selvagem*, de Lévi-Strauss, explica-se por esse postulado, ou seja, todas são formas paralelas de conhecimento. "O fato é que a revolução, antevista por Dürkheim e Mauss (e retomada por Levy Bruhl), estava realizada de fato: primitivos e modernos estavam lado a lado" (Peirano, 2002, p. 18). A euforia, conforme Peirano (2002), foi tanta que ofuscou qualquer tentativa de crítica mais fundamentada às proposições de Lévi-Strauss, e suas ideias foram agregadas ao senso comum antropológico.

Nos debates sobre mito e rito, é apresentada a dissolução da dicotomia entre civilizados e modernos, o que, porém, não impediu a criação de outras dicotomias na mesma direção. Entre elas, temos aquela estabelecida entre mito e rito, veementemente defendida por Lévi-Strauss, na qual o mito é a via privilegiada de acesso ao pensamento humano e o ritual é relegado ao plano da experiência e integrado ao mito. "Se o rito também possuía uma mitologia implícita que se manifestava nas exegeses, o fato é que em estado puro ele perderia a afinidade com a língua (*langue*). O mito, então, seria o pensar pleno, superior ao rito que se relacionava com a prática" (Peirano, 2002, p. 21). Mesmo entre os críticos das ideias lévi-straussianas, como o britânico Victor Turner, insistia-se na ideia da analogia mito/representação, assim, os símbolos é que instigariam a ação. Turner (citado por Peirano, 2002) afirma que os ritos são dramas sociais fixos e inseridos na rotina e seus símbolos estão prontos para uma análise microssociológica refinada.

A contribuição de Leach (1954) está também, conforme Peirano (2002), em seus trabalhos sobre os kachin birmaneses, nos quais classifica três tipos de comportamento: racional-técnico, comunicativo e mágico, os dois últimos considerados rituais. O ganho de Leach é a sua indistinção entre comportamentos verbais e não verbais, aproximando o ritual do mito. A inovação foi contornar o ritual como um complexo de ação e palavras, no qual o proferimento destas já era tomado como tal. No entanto, é na aproximação excessiva entre mito e rito que está a falha de Leach, pois esta se dava ao ponto de a dimensão do *bom para viver* desaparecer. Leach e Turner, porém, passam alheios a um importante ponto relacionado a essas dimensões: de que seus traços formais são produtos culturais e fruto de cosmologias distintas. Dessa forma, a relação entre esses sistemas foi relegada a segundo plano – como afirma Peirano (2002) –, e este foi o preço a pagar pelo desenvolvimento do estruturalismo.

No tópico intitulado "Eficácia", Peirano (2002) discorre sobre a necessidade de analisar a eficácia para além da representação e da ação social, "para que se identifiquem os mecanismos de movimento e de reprodução da sociedade" (Peirano, 2002, p. 23). O papel dessa função, como sublinha a autora, já havia sido anunciado e defendido por Mauss em suas análises acerca do mana* não apenas como não força, mas como uma qualidade, um estado. Com os avanços e o domínio do estruturalismo na antropologia, a noção permaneceu esquecida e só voltou a ser utilizada com a retomada do rito como objeto de estudo, "agora não só como um mecanismo bom pra pensar, mas também ação social boa para viver" (Peirano, 2002, p. 25). Esse retorno, então, traz a inspiração de Durkheim e a ideia da eficácia nos cultos. Foi nesse cenário que surgiram os estudos de Tambiah, que, influenciado por Leach, tentou combinar suas proposições com os postulados de Lévi-Strauss e os ideais etnográficos de Malinowski, acrescentando a noção de eficácia de Mauss.

Entre os diversos méritos de Tambiah anunciados por Peirano (2002), estava a relevância de suas releituras de clássicos, que demonstraram a possibilidade e o rendimento de produzir reanálises de materiais etnográficos antigos com base em novos instrumentais teóricos. Algumas das releituras citadas são de autores como Malinowski e Evans-Pritchard. Também relevante é sua compreensão de que são os nativos que oferecem contornos às definições de ritual.

---

* Em *Ensaio sobre a dádiva* (2003), publicado originalmente em 1923, Marcel Mauss realiza uma análise comparativa entre diferentes sistemas de dádivas (da Melanésia, Polinésia e noroeste americano). A partir dessa análise, Mauss trata do conceito melanésio de *mana*, que pode ser considerado como espécie de substância da alma, algo ligado à circulação de objetos, que não se separam de seus proprietários e carregam a reciprocidade necessária a estes sistemas de troca.

Diferentemente de seus predecessores, Tambiah tomava como ponto de partida a não pertinência de definir o ritual em termos absolutos. Aos nativos ficava delegada a distinção possível (relativa ou absoluta) entre os diversos tipos de atividade social; ao etnógrafo, a capacidade de detectá-la. Para Tambiah (citado por Peirano, 2002), os eventos que os antropólogos definem como rituais parecem partilhar alguns traços: "uma ordenação que os estrutura, um sentido de realização coletiva com propósito definido e também uma percepção de que eles são diferentes dos do cotidiano" (Peirano, 2002, p. 25).

O caráter performativo do ritual, como afirma a antropóloga, está implicado na relação forma/conteúdo, a qual está contida na cosmologia. Nesse cenário teórico, a maleabilidade da definição de ritual permite que a relação entre o rito e outros eventos seja também flexível e articulada pela situação etnográfica. Há, portanto, uma partilha de traços padronizados, variáveis conforme "constructos ideológicos particulares", nesse sentido, "o ritual não pode ser considerado falso ou errado [...], mas, sim, impróprio, inválido ou imperfeito" (Peirano, 2002, p. 27). Ao discorrer sobre a relação entre ritos e eventos, a autora comenta o quanto a antropologia ainda se desenvolve sob o domínio da função referencial. Nesse plano, a questão é que, se a linguagem é percebida como integrante da cultura, as disciplinas de Linguística e Antropologia não podem prescindir uma da outra. "A etnografia sem o conhecimento da língua nativa é, portanto, impensável em teoria (embora comum na prática), assim como os estudos gramaticais sem a compreensão da função ou uso das formas de fala, impossíveis (Peirano, 2002, p. 28). Ritos e falas, portanto, são centrais na compreensão dos processos cotidianos, mas também de estruturas elementares da vida social.

Assim, a antropologia destaca-se por seu aspecto universalista, ampliado pelos efeitos do trabalho empírico. Essa particularização reflete-se nas subdivisões da disciplina, como a antropologia da política, a antropologia da religião, a antropologia dos movimentos sociais etc. É dessa perspectiva que a autora analisa o livro *Leveling Crowds: Ethnonationalist Conflicts and Collective Violence in Southern Asia*, de Tambiah, obra que deu continuidade aos studos que realizou sobre a violência no Sri Lanka. Nesse livro, juntam-se perspectivas teóricas e etnográficas, dando conta da riqueza e da eterna juventude da disciplina. O foco etnográfico são os episódios de grande violência coletiva, os *riots*, utilizando como materiais de pesquisa textos acadêmicos, relatos oficiais, reportagens jornalísticas e a própria experiência de Tambiah (natural do Sri Lanka e de família tâmil, como é possível ver com mais detalhes em entrevista cedida a Peirano). Os *riots* deram-se entre budistas e católicos, budistas e mulçumanos, budistas e tâmiles, hindus e sikhs, hindus e mulçumanos, muhajirs e sindhis, muhajirs e pathans, em conflitos que ocorreram, em períodos variados, entre os anos de 1883 e 1992.

A descrição desses conflitos, ao mesmo tempo em que sensibilizou o leitor, como afirma Peirano (2002), exigiu uma abordagem nova, na qual foram inseridas comparações com eventos contemporâneos. Para explicar a trajetória dos *riots*, Tambiah lança mão de dois conceitos interligados: focalização e transvalorização. A **focalização** trata dos processos de conflitos locais, de pequena escala – disputas religiosas, familiares etc. Seu crescimento cumulativo resulta em grandes questões e, transformadas pelo apelo étnico, engajam a população por meio de lealdades e antagonismos relacionados a raça, religião, língua, nação e lugar de origem, em um processo denominado *transvalorização*.

Nesse sentido, é possível distinguirmos um padrão de eventos provocadores, uma sequência da violência, estabelecer a duração rápida, verificar quem são os participantes, os locais nos quais se inicia e se espalha e como termina. É factível também observarmos por intermédio de que mecanismos se propaga e confirmarmos o papel central dos rumores como profecias que se cumprem, eficazes na construção, na produção e na propagação dos atos de violência. Rumores são causa de pânico e paranoia, mas são também produto destes. Como "são repetidos inúmeras vezes, os atos supostamente bárbaros dos inimigos circulam, são reelaborados, distorcidos, geram outros rumores e, ao fim, o pânico e a fúria produzidos pelos boatos levam à perpetração de atos tão sinistros quanto aqueles atribuídos aos oponentes" (Peirano, 2002, p. 31).

Nos *riots*, são utilizados elementos do cotidiano – que podem ser invertidos, parodiados –, e é por meio deles que esse processo ganha contornos, explorando suas capacidades dramáticas e performativas em um *potlatch*[*] às avessas. Há, neles, portanto, um caráter coletivo, uma rotinização e uma ritualização da violência. Calendários de festividades de uma etnia são, desse modo, estopim

---

[*] Como descrito em *Ensaio sobre a dádiva* (2003), *potlatch* são práticas rituais que consistem na circulação de objetos, riquezas e bens materiais, que ultrapassam o âmbito econômico, e seguem em esferas sociais, religiosas, estéticas, mitológicas e jurídicas. É a partir dessa prática que o autor desfia suas análises sobre a dádiva.

em potencial desses conflitos. Outra característica apontada por Tambiah é que, mesmo na coletividade étnica, não é possível estabelecer uma unidade em virtude das diferenças internas. Na busca de uma compreensão acerca dos *riots*, o antropólogo sugere que, em uma crise do Estado-nação, partidos apelam para tradições e valores particularistas, detectando a inexistência de uma economia política moral. "Ao focalizar a religião em contextos nacionais, *Leveling Crowds* é revelador da complexidade dos ideais e práticas do mundo moderno" (Peirano, 2002, p. 34). Além dessa contribuição, como reafirma a autora, a obra de Tambiah indica o longo caminho da antropologia no último século, possibilitando o uso da noção de ritual em um sentido mais ampliado.

Já no prólogo, e em tom provocativo, Peirano (2002, p. 37) afirma: "É preciso esclarecer: se todo exotismo é um tipo de diferença, nem toda diferença é exótica; a diferença compara e relaciona, já o exotismo separa e isola; a diferença produz uma teoria política, o exotismo produz militância à parte da etnografia". Dessa feita, Peirano (2002) defende o rendimento da análise de eventos e rituais como opção da potencialidade da diferença (em vez da pobreza do exotismo).

Em entrevista intitulada *Continuidade, integração e horizontes em expansão*, Peirano conversou com Tambiah acerca de sua trajetória intelectual e, especialmente, sobre sua produção no plano dos estudos do ritual. Publicada em 1997, a entrevista traz meandros dos caminhos percorridos por esse pensador, que teve boa parte de sua formação nos Estados Unidos. A trilha de volta a seu país, Sri Lanka, nesse contexto, deu-se na tentativa de compreender os conflitos étnicos e políticos – que, literalmente, explodiam em diversas localidades –, mas também suas próprias escolhas e produção. Formado em Sociologia, em curso que mesclava também a antropologia e a psicologia social, Tambiah iniciou seus trabalhos de campo em comunidades rurais do Sri Lanka com a produção de estudos comparados do *continuum folk-urbano*.

A produção do antropólogo, então, teve como metodologia a observação da ação social como guias na elaboração de suas teorias antropológicas. Nesse sentido, têm destaque seus estudos sobre os processos de gênese e violência e a reconstrução da dinâmica política no Sri Lanka. É na busca por explicações para a ação violenta do budismo político que suas abordagens teóricas sobre o ritual são potencializadas: "tenho tentado considerar os conflitos etnonacionalistas em termos mais gerais, e explicar o que são os movimentos etnonacionalistas e que tipo de política desenvolvem. Existem determinadas maneiras através das quais as relações entre minoria e maioria se desenvolvem e cristalizam" (Tambiah, 1997, p. 214).

Entre as principais contribuições da entrevista está a compreensão da trajetória de Tambiah, que, pelas suas experiências e pelos seus questionamentos acerca dos conflitos vividos em seu país, levantou questões essenciais na constituição de um olhar antropológico um pouco mais descentrado das dicotomias e do pensamento ocidental. Suas análises ainda demonstram o interesse sobre como, em diferentes contextos, a globalização refletiu no cotidiano de comunidades pobres. Desse modo, sua intenção foi

> descrever esses traços positivos e também investigar como elas lidam com os problemas existenciais e as tarefas com as quais

se deparam em um ambiente urbano hostil; como estão a um só tempo mantendo e transformando as práticas sociais, rituais e outros capitais sociais que trouxeram das áreas rurais de origem. (Tambiah, 1997, p. 216)

Ainda no campo das reflexões sobre as trajetórias da disciplina acerca da temática, apresentamos o texto *Sobre o poder do rito*, de Acácio Tadeu de Camargo Piedade, trabalho de conclusão da disciplina Antropologia Simbólica, ainda não publicado. Neste, o autor faz um exame dos estudos sobre magia e religião. Ao contrapor a teoria de Frazer, exposta na obra *O ramo de ouro* (1982), ele apresenta o ato mágico como juízo em sua concepção durkheimiana, categoria racional que articula conceitos. "De fato, Lévi-Strauss concorda profundamente com Mauss e Hubert quando eles afirmam que o poder do rito, o mana, está ancorado no social, e envolve necessariamente uma crença *a priori* na magia" (Piedade, 1999, p. 2). O poder do rito, para esses pensadores, está ancorado no social e envolve uma crença na magia.

Para Mary Douglas (citada por Piedade, 1999), é por meio dos ritos que os padrões simbólicos de uma cultura são executados. Em Turner (citado por Piedade, 1999), o poder do rito está ligado ao estado de liminaridade, espécie de experiência preparatória na qual é possível "refletir e retroagir sobre criativamente sobre a sociedade [...] A vida social é, assim, um processo diádico, ou dialético, que alterna estrutura e *communitas*" (Piedade, 1999, p. 4), o que caracteriza a ideia de mundo em processo. Foi essa perspectiva de processo que levou Turner a criar, em um paralelo com o teatro, o conceito de *drama social*. Neste, o processo social é dividido em quatro etapas dramáticas: ruptura, crise, processo restaurador e reintegração ou cisma. Os procedimentos rituais seriam, desse modo, essencialmente reparadores, "nos quais instaura-se uma reflexividade pública que propicia a transformação social" (Piedade, 1999, p. 5). Nesse contexto, há ritos de separação, límen (ou margem) e agregação.

O ritual, então, torna desejável o que é estabelecido pela estrutura social, em uma ideia de que o ritual cria a sociedade. É a relação entre o conflito e a reparação promovida pela transformação que oferece uma forma privilegiada de perceber o processo social, tendo o rito como mecanismo chave. Os efeitos da catarse promovem, assim, a aproximação do imaginado com o vivido, que, de acordo com Geertz (1978), se acerca das artes e coloca em evidência sua forma estética por excelência.

Nesse sentido, Piedade (1999) faz um paralelo com a proposta de Ellen Basso, que em pesquisa sobre o ritual kalapalo, caracterizou-o como fundamentalmente musical. A recordação do autor, ao final do texto, é de que, para além das analogias entre mito e música de Lévi-Strauss, é necessário sublinharmos a função de elemento liminizador, que subverte a ordem cotidiana dos eventos temporais e sonoros. Também parece produtivo o comentário de Piedade (1999, p. 9) sobre a proposição de Lévi-Strauss na relação mito/rito:

> podemos inverter a proposição e entender o rito como mito em forma diacrônica. [...] este esquema pode ainda comportar a música como eixo intermediário entre mito e rito, como via eficaz da transformação, ela própria simbólica, do pensamento em ação.

[...] o ritual musicaliza a realidade, levando seus participantes a comungarem uma experiência de transcendência e transformação ao mesmo tempo interior e social.

Importante destacar que as relações postuladas aqui podem apontar alguns dos caminhos que irão constituir os estudos antropológicos sobre política feitos no país - nos quais o rito se torna um conceito fundamental –, especialmente para pesquisadores como Mariza Peirano, Christine Chaves, entre outros filiados ao Núcleo de Antropologia da Política (Nuap), presente no próximo tópico deste capítulo.

[4.3]
Poder e política no Brasil: um campo de estudos

Há muito a antropologia se interessa pelo estudo da política nos mais diferentes tipos de sociedade. Para enfrentar os problemas que foram surgindo nos anos de 1940 a 1960, surgiu o projeto da antropologia política, pensada como uma subdisciplina, com objeto e método próprios, que procura analisar um subsistema: o político.

> As duas grandes teorias da "antropologia política", a sistêmica e a processualista, operam de forma dualista apondo indivíduos (ou interações individuais) e sociedades (ou grupos) e substancializaram a política (e o "poder"), localizando-a em um subsistema social específico ou fazendo da política uma dimensão sempre presente em qualquer relação social. (Nuap, 1998, p. 7)

Após esse período, reconheceu-se que a política está entrelaçada no tecido social, estendendo-se em princípios que atravessam toda a sociedade, problematizando as fronteiras entre os domínios sociais. Passou-se a questionar a veracidade da hierarquia entre macro e micropolítica e a se pensar o Estado e a política nos termos que são pensados e vividos pelas populações nativas. Reconheceu-se, também, que os rituais constituem o centro da política em muitos contextos sociais. Ou seja, foram reintroduzidas as formas antropológicas de construir objetos de análise e conceitos da antropologia para criar uma antropologia da política, que busca compreender o nosso mundo, o nosso jeito de ver e de fazer política.

O interesse dos antropólogos brasileiros pelas questões relacionadas à política é relativamente recente. Parece que tais preocupações emergiram a partir de duas vertentes do pensamento antropológico. A primeira é o crescente aumento no interesse pelas sociedades complexas, ou seja, a crescente preocupação da antropologia em estudar a sociedade da qual fazemos parte. A segunda se caracteriza pela preocupação específica com o estudo da política – preocupação oriunda de relações extra-acadêmicas e também de desafios de ordem intelectual.

> A perspectiva da antropologia da política evita tratar a política como um sistema. A política não é apenas movimentos partidários e de massa, como a ciência política considera.

A perspectiva da antropologia da política evita tratar a política como um sistema. A política não é apenas movimentos partidários e de massa, como a ciência política considera. Trata-se, antes de mais nada, de entender a política em sua densidade de escolha individual e agenciamento coletivo, tentando visualizar o conjunto de forças e processos globais que fazem com que as escolhas políticas sigam determinada direção. Os planos individuais e coletivos se fundem, bem como o conjunto de instituições sociais, apontando um caráter de totalidade para os fatos, ou seja, tornando a política uma questão antropológica. Um bom exemplo é dado por Marcio Goldman e Moacir Palmeira (1996, p. 45): "o voto tem o significado de uma adesão. Numa eleição, o que está em jogo, para o eleitor, não é escolher representantes, mas situar-se de um lado da sociedade que, como lembramos [...], não é fixo".

As contribuições das análises antropológicas podem ajudar a superar algumas dificuldades que parecem rondar os trabalhos mais tradicionais de sociologia e ciência política a respeito da política. Se analisarmos criticamente os trabalhos sobre política produzidos no Brasil, perceberemos que as dificuldades aparecem porque os estudos adotam uma postura explicativa e causalista. Assim, ficam obrigados a supor que as posições políticas são redutíveis a uma única variável e a colocar elementos falseados para dar conta das irregularidades, isto é, para explicar o que não estava previsto no seu modelo pré-construído. Para a antropologia da política, ao contrário, trata-se não de explicar o voto ou as eleições, mas de encontrar uma certa inteligibilidade para os fatos que envolvem os fenômenos políticos.

As abordagens até então produzidas tendem, em primeiro lugar, a ser demasiadamente negativas, pois as explicações para as questões levantadas são encontradas na falta de algum elemento dito *essencial*, como a racionalidade e a informação. Além de serem extremamente negativas, essas abordagens são ideológicas, já que se concentram no nível das representações, não respondendo aos mecanismos mais fundamentais que as sustentam. Apenas afirmar que o eleitor é manipulado não acrescenta nada a nossa compreensão dos mecanismos de manipular e ser manipulado.

> O aparente curto-circuito lógico apenas esconde um processo de identificação e distinção muito claro: identificação com um candidato que supostamente realiza valores ditos como superiores e aos quais a próprio informante acredita não ter acesso direto; distinção face a massa de iguais representada na figura do outro candidato. Mais que resultado de uma manipulação de informação ou de uma desinformação circunstanciais, trata-se portanto de uma manifestação de um processo constante e muito cotidiano de subjetivação, envolvendo relações sociais e posições sociais – processo que, certamente, passa também pelo sistema de informações e pela mídia, desde que se os entenda como forças produtoras de subjetividades. (Goldman; Sant'Anna, 1996, p. 27)

Outra questão a ser discutida é o fato de que essas interpretações limitam o alcance da política ao domínio mais institucionalizado do Estado e dos partidos políticos, perdendo do horizonte todas as outras questões micropolíticas que se desenvolvem na sociedade:

> marchas, peregrinações, romarias não se revestem exclusivamente de significado religioso, como a Marcha Nacional dos sem-terra

atesta. Elas estão presentes em diferentes partes do planeta, servindo aos mais diversos fins: religiosos, políticos, pacifistas [...]. Como nos fatos sociais totais, nelas muitas vezes essas delimitações embaralham-se. Nas romarias da terra no Brasil, assim como nas procissões que demarcam o território protestante e católico nas cidades irlandesas, por exemplo, a fronteira entre o religioso e o político perde a nitidez. (Chaves, 2000, p. 142-143)

É importante ressaltarmos que existem diversas concepções de poder e política em jogo nos processos políticos, por isso precisamos compreender a política como um todo. Assim, uma das possibilidades da antropologia é contribuir para o mapeamento desse plano microscópico, e isso se deve ao fato de que a antropologia se especializou nesse tipo de investigação. Trata-se de um processo de desvendamento de processos fundamentais que atuam nos grandes e nos pequenos objetos.

Ou seja, partindo do voto, trata-se de reencontrar temas e questões socioculturais mais amplas que permitam não apenas decifrar o fenômeno em questão, mas também, e principalmente, atingir uma melhor compreensão do que está em jogo nas estruturas políticas que articulam uma sociedade como a nossa. (Goldman; Sant'Anna, 1996, p. 36)

Assim, percebemos que a política não existe em um vazio cultural. Ela está inserida em um contexto bem mais amplo. As estruturas sociais e simbólicas não apenas limitam ações, mas atravessam diferentes unidades sociais e dão significados a elas. Vejamos um pequeno trecho de Karina Kuschnir (2000, p. 30-31, grifo do original):

> Para avançar o debate do **comportamento eleitoral**, é preciso que o voto seja compreendido em termos **culturais**, como uma rede de significados que dá sentido à realidade de determinado grupo social (Geertz, 1989). Numa sociedade complexa, isso significa levar em conta a existência de **múltiplos planos de cultura**, dentro dos quais os indivíduos/eleitores transitam e fazem escolhas segundo contextos e situações. [...] Os vereadores procuram estabelecer um vínculo cultural com o eleitor. As estratégias comunitária/assistencialista e ideológica/política refletem tipos de trocas distintas propostas pelo candidato ao eleitorado.

Outra questão fundamental na distinção da antropologia da política de outras análises sobre a política é que o foco de análise daquela está centrado no cruzamento entre o que, do ponto de vista nativo, é conceitualizado como política e o que é tido como da ordem de outros domínios da vida social e cultural. Ao fazermos essa busca por meio de etnografias, podem ser revelados alguns significados sociais e culturais da política. A antropologia da política dedica-se à abordagem etnográfica, refina a comparação como enfoque metodológico, reforça o interesse em determinado domínio empírico e acentua as categorias nativas.

> Este projeto se apoia em uma perspectiva simultaneamente etnográfica e comparativa. A etnografia garante o estatuto privilegiado do ponto de vista nativo: como, para o nativo, a experiência de vida e a reflexão sobre ela são coetâneas, a "comparação surpreendida"

entre os valores da ciência social e os valores observados é uma decorrência imediata. (Nuap, 1998, p. 8)

Podemos perceber que Kuschnir (2007) utiliza esses recursos para fazer sua pesquisa sobre as eleições e a representação no Rio de Janeiro, apropriando-se das categorias nativas para fazer sua análise. "Na visão desses parlamentares, a candidatura ideal é sempre motivada pela vontade de um grupo, e o candidato perfeito é o 'representante natural' dessa coletividade [...] **Eu não me lancei candidata, fui lançada**" (Kuschnir, 2007, p. 17, grifo do original).

Assim, notamos como são engendrados espaços de negociação ou confronto de significados que apontam para novos fatores constitutivos da subjetividade dos grupos sociais envolvidos, conforme o lugar atribuído à política na sociedade. Assim, são propostas etnografias desses espaços como campos de interseção de várias relações sociais, expressão que nos permite enquadrar a política como um fluxo de signos, símbolos e significados, um campo, uma arena de valores, ideias e representações em confronto.

Nesse contexto, quais os marcadores de uma antropologia da política? Essa é a pergunta inicial de Carla Costa Teixeira (1998) em texto que pensa a política e sua perspectiva antropológica com base na etnografia. A autora utiliza Weber e os múltiplos níveis cognitivos de sua compreensão sobre a política em uma articulação com sua pesquisa sobre a figura jurídica do decoro parlamentar realizada no Congresso Nacional. "Tomo como referência a problemática no significado do mundo moderno para Weber, a fim de discutir a especificidade da ação política nos termos da compreensão da 'vocação' política em sua relação com outras esferas de valor" (Teixeira, 1998, p. 19-20). A análise de Wolfgang Schluchter (citado por Teixeira, 1998) sobre a obra de Weber – que, segundo a autora, enlaça o compromisso com a compreensão da singularidade do mundo moderno e do racionalismo que o caracteriza – pontua uma teoria do valor na obra deste.

Destacamos a relevância da honra e da vergonha (como valores) no contexto pesquisado, "no vai-e-vem entre teoria e dados etnográficos" (Teixeira, 1998, p. 23). Teixeira (1998) tece suas articulações segundo a presença desses valores em estudos de sociedades tradicionais e de sociedades modernas, nos quais são interpretados como indicadores de dimensões hierárquicas negativas, as quais têm como horizonte dicotomias encontradas em conceitos como *pessoa/indivíduo, individualismo/holismo* e *dignidade/honra*.

Em suas análises sobre a relação indivíduo/pessoa, Teixeira (1998) vai a Mauss e a Radcliffe-Brown (especialmente o primeiro), mas retorna à noção weberiana de personalidade, que permite "resgatar a dimensão dinâmica das relações entre público vs. privado, complementar e anônimo vs. relacional que a polaridade indivíduo e pessoa dificulta compreender" (Teixeira, 1998, p. 23). Para a autora, a honra seria o valor que permite distinguir a esfera política das demais esferas do mundo moderno, problematizando as dinâmicas das democracias representativas. Assim, em sua pesquisa no Congresso Nacional e suas disputas de defesa e acusação no que tange ao enquadramento nessa conduta preestabelecida, o decoro parlamentar passa de uma figura jurídica, uma abstração, para se tornar ação, evento, fato etnográfico. Nesse contexto, a autora escolhe duas esferas das relacionadas por Weber – ética e política – para construir sua argumentação, pautada também pela natureza trágica da ação política.

> A natureza demoníaca da política, em linhas gerais, deve ser entendida na conexão entre, por um lado, a natureza de seus meios (poder, força, violência) e o potencial de destruição e descontrole da ação humana que evoca; e, por outro, o **estatuto especial do dever político**, que restringe as pretensões universalistas da ética, exigindo sua particularização ao rejeitar imperativos incondicionais. Ao contrário do que ocorre na esfera da ética, o dever político tem como referência o indivíduo enquanto **membro de uma coletividade historicamente definida**, e não o indivíduo como um valor em si. (Teixeira, 1998, p. 26, grifo do original)

Nesse caso, temos algumas categorias para a compreensão dos indivíduos eleitos em democracias representativas: o político de convicção, o político de resultados e, por fim, o político responsável, este último aquele capaz de equilibrar paixão e perspectiva e de ponderar entre o desejável e o possível. A honra moderna anunciada por Teixeira (1998), citando Weber, permite inserir uma diversidade de valores, estabelecendo possibilidades de negociação orientadas pela ética da responsabilidade weberiana. Se, nesse "mundo desencantado", as operações da vida pública não se dão nas lógicas das relações pessoais ou religiosas, são os próprios indivíduos os sujeitos de seus destinos. Por fim, ao esclarecer de que modo a noção de personalidade se dá em contextos políticos, novamente Teixeira (1998) traz à cena a articulação das noções de honra moderna e decoro parlamentar, apontando como este institucionalizou a honra, regulamentando a vida pública e privada e afirmando a autonomia da política no ambiente normativo regente.

[4.4] Candidaturas e campanhas como processos rituais: uma perspectiva etnográfica

Ao considerarmos as eleições como um processo ritual, podemos argumentar que todos os tipos de expressão de sentimentos, especialmente as expressões rituais, são fenômenos essencialmente sociais. Seu caráter coletivo é marcado por cerimônias públicas bem regulamentadas que fazem parte do ritual, no qual está bem claro o papel de cada indivíduo nessa dramatização social.

Os rituais são complexos e elaborados. Neles, podemos mostrar quais jogos de sentimentos estão envolvidos, quais ideias coletivas estão presentes, ou seja, os ritos nos dão a vantagem de compreender o grupo, o coletivo atuando, representando a si mesmo. Enfim, são também manifestações e conflitos, sentimentos e ideias, em um espaço no qual tudo se mistura.

Quando pensamos em como se dão as campanhas políticas, é preciso considerarmos que a condição fundamental para que se vote em um candidato é o fato de ele ser reconhecido pessoalmente. O candidato não deve apenas oferecer programas, mas também a si mesmo, com um passado reconhecido e com uma biografia que permita situá-lo socialmente. Nesse contexto, a campanha de rua aparece como um fator fundamental para a produção desse reconhecimento, pois proporciona o contato direto dos eleitores com o candidato. Nessa mesma linha, os panfletos são um meio eficaz de apresentar a história do candidato. "O termo *reconhecido* é empregado aqui para sintetizar dois sentidos diferentes da palavra: o reconhecimento como (re)conhecimento, isto é, como identificação concreta de uma pessoa conhecida; a ideia do reconhecimento de alguém ou de alguma como boa, verdadeira ou legítima" (Scotto, 1996, p. 166).

Assim, uma estratégia recorrente nas campanhas de rua tem como finalidade transformar o político em uma pessoa reconhecida publicamente, visto que esse aspecto se torna essencial quando pensamos que, no Brasil, se vota em candidatos isolados e que os aspectos pessoais têm se sobressaído à filiação partidária.

Turner (citado por Chaves, 2003), coloca questões importantes quando discute como trabalham os signos rituais. O significado ritual agrega referências, unindo-as em um único campo, tanto cognitivo quanto afetivo. Nesse sentido, tais signos rituais são multifocais, quer dizer, produzem múltiplos significados. Logo, podemos pensar as eleições e, principalmente, as estratégias de campanha sob essa perspectiva.

Porém, lembremos que não basta ser reconhecido, é preciso ser bem-visto aos olhos dos eleitores. Os candidatos disputam não apenas o reconhecimento do eleitor, mas também a interpretação do significado dos contatos por ele firmados. "Um aperto de mão, um abraço ou um beijo são expressões da vida cotidiana que, no contexto da campanha, passam a ser ressemantizadas politicamente em termos de proximidade, distância, hierarquia, popularidade e disputa" (Scotto, 1996, p. 169).

O movimento ideal de um candidato é ser reconhecido como igual ao mesmo tempo em que também ocupa um lugar diferenciado, hierarquizado. Os comícios, por exemplo, são parte fundamental das campanhas eleitorais, pois aproximam o eleitor do candidato, colocando este em um lugar diferenciado.

Nesse aspecto, a categoria *compromisso* também assume valor fundamental, pois, nas relações políticas, nos períodos de campanha e durante as atividades de gabinete, constitui-se em laço estabelecido entre o eleitor e o candidato e até entre os próprios políticos. Assim, o compromisso está intimamente relacionado à boa e velha promessa ou a um pedido ou favor. É importante pensarmos que existe uma indissociabilidade muito grande entre essas categorias; são fios de significados que só têm validade quando analisados conjuntamente.

Os vínculos estabelecidos durante a campanha são mantidos e, em alguns casos, até reforçados durante o mandato do político eleito, como é o caso exemplar de Joaquim Roriz, político brasileiro. "Fazem parte dos tais atos de governo – que configuram tanto as aparições diárias, quanto o governo itinerante – rituais diversos, como assinaturas de ordens de serviço ou a entrega em cartório do registro de uma nova área cedida pelo governo para uso privado" (Borges, 2002, p. 224). Esses atos estão cheios de significados sobre a afinidade existente entre a ocupação do Distrito Federal e a expansão política da região, pois "constituem ocasiões *sui generis* de expressão política, visto que nessas oportunidades são encenados dramas, protagonizados pela população da capital e seus governantes, cujas performances reiteram aspectos simbólicos expressos de outro modo cotidianamente" (Borges, 2002, p. 225).

É um circuito de trocas, tanto de palavras como de atos, no qual o político assume um papel de mediação. Assim, quando buscamos compreender os mecanismos de representação, devemos ter em mente que os aparelhos de poder, bem como os símbolos por eles produzidos, estão entrelaçados em várias outras relações sociais (Borges, 2002). Portanto, o que se tem procurado é visualizar como esses símbolos e essas relações estão sendo construídos segundo uma certa dialética e, além disso, de que modo se formam como demarcadores de uma política. Então, quando Roriz chegou a uma cidade com o governo itinerante, ele demarcou claramente o espaço e o tempo ritual do governo na vida cotidiana dos moradores (Borges, 2002). Os eventos que ocorreram durante esse período se estabeleceram como encenações de poder, porque existia o enfrentamento de duas categorias em constante atualização: os que eram azuis e os que eram vermelhos, mostrando que atos e ações são enunciados simbólicos.

Um ritual político pode ser interpretado de várias formas, sob várias faces. No entanto, não podemos cometer o erro de tomá-lo como um processo simplificador da realidade, como encenações de um devir ser.

> A eficácia da Marcha Nacional pode ser melhor compreendida se tomada como uma ação coletiva expressiva, cuja importância teve por suposto a capacidade de comunicar os fundamentos ideológicos e os propósitos políticos do MST e, ao evocar referências simbólicas consagradas, angariar-lhe a conformidade e solidariedade da sociedade mais abrangente [...] Como ritual é possível tomá-la como uma forma privilegiada de interpretação dos agentes que a

promoveram e do público que conferiu legitimidade à ação social posta em curso. (Chaves, 2000, p. 15)

Assim, podemos concluir que os rituais trazem à tona as experiências coletivas, os dramas e os conflitos vivenciados pela sociedade. Com eles, podemos presenciar como a sociedade narra a sua própria história, pois a narração requer a experiência partilhada (narrador e ouvinte), faz relações entre particular e universal e produz relações entre temporalidades diferentes (intertextualidade das narrativas). Isso nos obriga a pensar o ritual de forma dialética; ele se transforma e é transformado pela sociedade, pois toda narração ou interpretação de algum fenômeno social pressupõe a reflexividade. Não devemos ter um ritual como algo estanque e petrificado, e sim como algo dinâmico e em constante transformação, assim como todo fenômeno social.

Síntese

Os conceitos que permearam este capítulo estão fundamentados, especialmente, na articulação entre poder e política. É na forma como os grupos humanos se organizam que os antropólogos vêm, ao longo do tempo, elaborando reflexões. Assim, adentram nos debates conceitos como *ritual* e *estética* e todo o espectro teórico que os acompanham.

Para fundamentar esta seção, fizemos o uso recorrente de pensadores como Victor Turner e Stanley Tambiah – e de suas investigações etnográficas e teorias dos rituais – na produção antropológica brasileira que trata da política e dos seus desdobramentos.

Nesse contexto, destacamos a importância do Núcleo de Antropologia da Política (Nuap), formado no fim dos anos de 1990, em uma articulação de pesquisadores de instituições como Universidade de Brasília e Museu Nacional (UFRJ).

Indicações culturais

A PATAGÔNIA rebelde. Direção: Héctor Olivera. Argentina, 1974. 110 min.

O filme é baseado em um episódio real e tem roteiro do historiador argentino Osvaldo Bayer, baseado em livro de sua própria autoria. Na província de Santa Cruz, Patagônia argentina, o centro produtor de lã e carnes é dominado pelos frigoríficos estadunidenses e pelos estancieiros ingleses. Os trabalhadores decidem pela greve, exigindo melhores condições de trabalho. Tropas enviadas pelo governo federal conseguem mediar um acordo entre trabalhadores e patrões. A violência marca as relações nesse filme.

EXCELENTÍSSIMOS. Direção: Douglas Duarte. Brasil, 2018. 152 min. Documentário.

Documentário que retrata o funcionamento da Câmara dos Deputados por alguns meses. O diretor da obra não esperava filmar, nesse período, o processo de *impeachment* da ex-presidente Dilma Rousseff.

HEREDIA, B. M. A. de; TEIXEIRA, C. C.; BARREIRA, I. A. F. (Org.). **Como se fazem eleições no Brasil**. Rio de Janeiro: Relume Dumará, 2002.

A importância desse livro consiste na dimensão estritamente etnográfica dos trabalhos apresentados. As concepções nativas da política e as relações que sustentam essas concepções nos ajudam a compreender a política nacional segundo uma racionalidade local, contextualizada.

PEIRANO, M. **O dito e o feito**: ensaios de antropologia dos rituais. Rio de Janeiro: Relume Dumará; Nuap, 2002.

Esse livro demonstra, por meio de pesquisa de diversos etnográficos, como a abordagem dos rituais é frutífera, especialmente nos eventos políticos contemporâneos.

ROSA, G. **Grande sertão**: veredas. 19. ed. São Paulo: Nova Fronteira, 2006.

Considerado um romance experimental modernista escrito por esse grande autor brasileiro e publicado em 1956, é um clássico de nossa literatura pela estilização das peculiaridades das falas sertanejas. Uma lição de luta e valorização do homem.

Atividades de autoavaliação

1] As concepções nativas sobre política são fundamentais para a compreensão das ações políticas. Qual das etnografias é considerada um clássico nesse campo de estudos?

 a) *O pensamento selvagem*, de Claude Lévi-Strauss.

 b) *Festas da política*, de Christine de Alencar Chaves.

 c) *Os nuer*, de Evans-Pritchard.

 d) *A sociedade contra o Estado*, de Pierre Clastres.

 e) *Naven*, de Gregory Bateson.

2] Marque a alternativa que contém exemplo concreto de ritual político:

 a) Pronunciamentos oficiais.

 b) Marchas e romarias.

 c) Campanhas eleitorais televisivas.

d) Cadastramento de eleitores.
e) Coletivas de imprensa.

3] A análise de rituais no campo político tem como expoentes os seguintes autores:
a) Edmund Leach e Pierre Clastres.
b) Stanley Tambiah e Mariza Peirano.
c) Evans-Pritchard e Claude Lévi-Strauss.
d) Mariza Peirano e Michel Foucault.
e) Gregory Bateson e Franz Boas.

4] O poder é aspecto central nos estudos acerca da política. Pierre Clastres, no livro *Arqueologia da violência*, trata da relação entre chefia e exercício do poder. Sobre isso, podemos afirmar:
a) O poder está separado da sociedade.
b) O chefe tem desejo de poder, e isso autoriza o uso da força.
c) É a sociedade, como totalidade, que detém o poder e o controla.
d) O poder só existe se for coercitivo.
e) A chefia só é respeitada se usar de seu poder em benefício próprio.

5] A perspectiva da antropologia da política aponta que esta não é feita apenas de movimentos partidários e de massa. Nesse sentido, algumas teorias indicam certas características dos processos eleitorais no país, como:

a) exercício do poder coercitivo.
b) corrupção.
c) mau comportamento dos eleitores.
d) personalismo.
e) individualismo.

Atividades de aprendizagem

Questões para reflexão

1] Com base nas explicações do capítulo e em pesquisas adicionais, elabore um pequeno roteiro e entreviste ao menos quatro pessoas de sua família e/ou comunidade. Pergunte: Como a política está presente no seu cotidiano? Redija um relatório com as respostas.

2] Além das situações citadas neste capítulo, aponte pelo menos mais dois exemplos de eventos que ocorrem no nosso país nos quais se mesclam festas, diversão e política. Explique sua escolha.

Atividade aplicada: prática

1] Consulte, na internet, um discurso de ao menos três representantes públicos brasileiros sobre uma mesma temática. Faça uma análise dos discursos escolhidos e elabore um quadro comparativo com os seguintes itens:
- origem do tema debatido;
- espectro político ideológico do representante público;
- posição debatida por tal representante.

Diversidade, gênero e sexualidade
[Capítulo 5]

Neste capítulo, trataremos das questões referentes a diversidade, gênero e sexualidade, apontando algumas relações de interpretação possíveis entre a trajetória dessas discussões, a antropologia e os movimentos sociais. Assim, veremos algumas relações construídas entre gênero, sexo, corpo e sexualidade sob a perspectiva das ciências sociais, enfocando especialmente as discussões antropológicas.

É importante que possamos compreender as atribuições socioculturais e históricas acerca do gênero e dos papéis sexuais e identificar suas implicações políticas contemporâneas, bem como incluir, no escopo de conhecimentos, a percepção da temática entrelaçada a noções e práticas.

[5.1]
Trajetórias do pensamento

Para iniciarmos o debate, devemos ter em mente que os estudos sobre gênero e sexualidade se distinguem dos demais apresentados neste livro pela força da sua interdisciplinaridade. Filosofia, história, sociologia, antropologia e ciências políticas formam uma grande área de pesquisa denominada *estudos de gênero*.

Margaret Mead, nos anos de 1930, publicou *Sexo e temperamento*, considerado o primeiro estudo na antropologia com enfoque específico de gênero. Inauguravam-se duas vertentes de interpretação das questões de gênero na disciplina, que, apesar das transformações, estão presentes nos estudos até os dias de hoje.

> Trata-se do conjunto de assuntos que chamamos, habitualmente, de "construção cultural do gênero" e tem seu ponto de partida na constatação inicial de que "mulher" e "homem" são entidades diferentes, preenchidas com conteúdos variáveis, através das sociedades. Introduz-se assim o "gênero" como uma questão antropológica, etnograficamente documentável. [...]
>
> A contrapartida daquela primeira contribuição, daquele primeiro viés, eminentemente antropológico e relativista, veio a ser, a partir dos anos 70, a ênfase colocada por um conjunto de autoras na questão da universalidade da hierarquia de gênero, seguida por uma tentativa de gerar modelos para dar conta desta tendência universal da subordinação da mulher na dimensão ideológica das representações culturais. (Segato, 1998, p. 5)

Sherry Ortner (1974) foi uma das autoras que examinou as questões de gênero segundo o pressuposto estruturalista da oposição entre cultura e natureza. A autora propõe, como centro do seu modelo, a oposição lévi-straussiana entre esses dois aspectos, demonstrando como esta se replica na associação entre mulher e natureza, por um lado, e homem e cultura, pelo outro. "Dessa ideologia de oposições derivaria a tendência bastante generalizada nas sociedades humanas de representar a mulher associada à natureza/objeto e o homem como parte da cultura/ação transformadora, par de associações que configuraria uma hierarquia" (Segato, 1998, p. 6).

De fato, somente a segunda geração de antropólogos questionou o determinismo biológico das interpretações de gênero, apontando para uma questão interessante: Por que percebemos em diversos contextos socioculturais a experiência universal da subordinação feminina? Como sustentação às plataformas feministas, essa questão permite vincular a experiência das mulheres nos países e nas sociedades. "Contudo, ela herda, da descoberta originária da variabilidade das formas de ser homem e mulher e dos múltiplos arranjos da formação sexo-gênero, a premissa de que a passagem da biologia para a cultura não é da ordem do instinto, ou seja, não é da ordem das determinações inescapáveis" (Segato, 1998, p. 10).

Dizer que quem define gênero é a natureza, o corpo biológico do sujeito, é ignorar todo o conhecimento construído pelas humanidades. Quem define não é a biologia, mas sim o tempo histórico e a sociedade na qual o sujeito está inserido. Nos tempos contemporâneos, atribuímos à ciência médica a análise do corpo do bebê assim que ele nasce, e ali se imprime um significado – ou seja, é feita uma leitura de que existe um bebê do sexo masculino ou do sexo feminino, ou, ainda, em situações esporádicas, pode-se classificar um bebê como intersexo, antigamente chamados de *hermafroditas*. Agora, a pergunta que nos cabe fazer é se essa definição contempla todos os possíveis olhares sobre o significado de ser um homem ou uma mulher. O que isso significa?

Portanto, o que significa ser uma mulher no Brasil contemporâneo? O que significa ser um homem no Brasil contemporâneo? O que significou ser uma mulher ou um homem no Brasil de 1880? E ser um homem ou uma mulher no Brasil de 1300? Ou ser um homem ou uma mulher na região do Havaí do século XV? Para cada um desses povos ou civilizações existe uma gama enorme de respostas. Para cada um desses recortes tempo-espaciais, ser homem ou ser mulher significa algo completamente diferente. O que era ser um homem na corte europeia do século XVII? Sob o ponto de vista estético e indumentário, eles tinham experiências muito próximas das mulheres ocidentais de hoje. Eles usavam pó de arroz no rosto, meia-calça, batom e peruca. Esse era o modelo do homem de corte daquele tempo e daquela sociedade. No entanto, esse padrão estético não seria compreendido no tempo atual como algo relacionado ao universo masculino – ao menos, não na maioria das sociedades do Ocidente.

Gostaríamos de propor um exemplo para elucidar melhor as questões levantadas até o momento. Suponhamos que uma criança nasça em uma grande capital do Brasil. O ultrassom já a havia identificado como uma menina. Os médicos, logo após o nascimento, confirmam o exame feito anteriormente e colocam o bebê no colo da mãe para que ela amamente sua filhinha. Essa criança cresce uma menina muito saudável e feliz. Na adolescência, ela pratica atletismo e é muito boa no que faz. Seus resultados são tão bons que geram dúvidas. A moça, a pedido de seu treinador, faz exames diversos e constata que seus níveis de testosterona são similares aos dos rapazes de sua idade. Afora as questões legais que

> Dizer que quem define gênero é a natureza, o corpo biológico do sujeito, é ignorar todo o conhecimento construído pelas humanidades. Quem define não é a biologia, mas sim o tempo histórico e a sociedade na qual o sujeito está inserido.

envolvem a prática do atletismo, fazemos a pergunta: Essa moça que cresceu e se vê como uma mulher deixou de ser mulher? Agora ela é um homem? Não. Temos certeza que não. Ela é uma mulher independentemente dos resultados do tal exame.

Quando Beauvoir (2009) diz, no livro *O segundo sexo*, que ninguém nasce mulher, mas torna-se uma, ela está afirmando que gênero é um processo de socialização, de construção dos sujeitos nos contextos socioculturais em que estão inseridos. Ou seja, ela opõe sexo biológico ao gênero, entendendo este como um processo de socialização, de construção dos sujeitos por meio das vivências. Sob tal perspectiva, os modos de ser homem e de ser mulher transcendem a circunscrição ao sexo biológico, já que são sempre impactados por uma série de fatores contextuais, assim como pelas diversas dimensões constituintes da pessoa em sua integralidade.

[5.2]
Antropologia e feminismo

Se o gênero é um instrumento que mapeia um campo específico de distinções – aquele cujos referentes falam de distinção sexual –, só pode ser compreendido nas relações, em perspectivas relacionais entre pessoas, parte das pessoas, animais ou objetos. Assim, gênero é uma categoria de análise relacional (Scott, 1995) que traduz constructos sociais e culturais cujas referências se ancoram, ao menos em um primeiro momento, nas distinções de feminilidades e masculinidades. Remete aos modos de existência, cujo objetivo é demonstrar de quais formas as relações entre homens e mulheres são culturalmente construídas. Trata-se de um conjunto de temáticas que tem como ponto convergente a "constatação inicial de que 'mulher' e 'homem' são entidades diferentes, preenchidas com conteúdos variáveis, através das sociedades" (Bourdieu, 2002).

No mundo contemporâneo, as relações de gênero ganham destaque para além das teorias debatidas nas ciências sociais, especialmente na referência aos movimentos sociais feministas. Os feminismos e a antropologia compartilham certas inquietudes e algumas teorias, no entanto, a pluralidade disciplinar do feminismo transcende a antropologia. A diferença é que os feminismos não buscam a pluralidade de pontos de vista, mas sim uma em particular: a promoção dos intereses das mulheres. Porém, esse interesse geral se manifesta em um pluralismo interno do próprio discurso nos movimentos feministas.

Os conceitos de gênero se constroem em terrenos que entrelaçam política e conhecimento científico interdisciplinar e conferem, desde os anos de 1980, substrato a políticas de mitigação de desigualdades ao redor do mundo

> Os feminismos e a antropologia compartilham certas inquietudes e algumas teorias, no entanto, a pluralidade disciplinar do feminismo transcende a antropologia.

(Grossi, 2012). Demonstram ser um importante marcador social de diferenças, muito utilizado nos estudos que explicam as desigualdades entre homens e mulheres no mercado de trabalho e na elaboração de políticas públicas voltadas às violências, especialmente aquelas praticadas contra as mulheres.

Quando Butler (2003) afirma que o gênero é performativo, o que quer dizer? Quer dizer que nós estamos tomando um papel, que estamos agindo de uma determinada forma. Essa ação apresenta a todos quem somos, incluindo como nos entendemos e desejamos que nos leiam e nos compreendam. Quando afirmamos que a construção de gênero se dá em nossa performatização, estamos argumentando que nossa prática, como homens ou mulheres (cis ou trans, como veremos mais adiante), é orientada por aquilo que acreditamos ser o correto em termos estéticos, de postura ou de comportamento. Nossa fala, nosso vocabulário ou nossa maneira de caminhar orienta a forma como somos lidos pela sociedade em termos de gênero. Embora tenhamos a crença de que este é dado natural, um fato acerca de quem somos, foi um fenômeno produzido (e reproduzido) ao longo do tempo, pois afirmar que o gênero é performativo significa que nem sempre pertencemos a uma ou outra categoria desde que nascemos.

As ideias de Butler começaram a se popularizar no Brasil a partir de 2003 com a publicação de seu livro *Problemas de gênero*. É importante citarmos que Butler é uma filósofa judia estadunidense assumidamente lésbica. Seus pensamentos datam do final dos anos de 1980, em um contexto no qual o movimento feminista discute o limite da categoria *mulher*. Suas questões filosóficas estão ancoradas nesse registro ou no registro desse problema. Por que a categoria mulher era insuficiente para as bandeiras feministas daquele momento? O final dos anos de 1980 chegou com uma certa ideia de um esgotamento. Caracterizou-se por ser impossível falar em nome de uma mulher universal, a qual tinha sido, por exemplo, um assunto, um tema ou uma possibilidade nos anos de 1950, quando Simone de Beauvoir lançou o livro *O segundo sexo*.

O pensamento de Butler sustentou o movimento feminista durante muito tempo, mas, no final dos anos de 1980, percebeu-se que era insuficiente, porque não dava conta de toda a diversidade da categoria *mulher*. Temos mulheres brancas, mulheres negras, mulheres indígenas, mulheres pobres, mulheres de classe média etc. A ideia de como pensar o feminismo para além do sujeito mulher é uma ideia que, em um primeiro momento, parecia ameaçadora ao movimento feminista e que só depois foi incorporada. Portanto, a pergunta para a qual se passou a buscar resposta é: Como continuar fazendo feminismo sem fazer um feminismo restrito ao sujeito mulher? Os desdobramentos em resposta a essa pergunta trouxeram grande renovação e fôlego ao movimento feminista. Permitiram uma renovação, no sentido de uma abertura a outras questões que, de alguma forma, eram deslocadas por Butler, pois, até a publicação de *Problemas de gênero*, o problema de gênero era a aposição entre masculino e feminino.

Depois da obra de Butler, passamos a discutir outra oposição, entre a heterossexualidade e a homossexualidade, na percepção de que existe um privilégio da heterossexualidade em detrimento da homossexualidade na sociedade em geral. É isso que denominamos, academicamente, de *heteronormatividade*. Existem um modelo de feminilidade adequado e um modelo de masculinidade adequado para que a heteronormatividade funcione. Assim, o feminismo se abriu de maneira mais contundente às críticas feitas a partir de Butler, porque, a rigor, podemos retomar a frase de Simone de Beauvoir (1980, p. 361): "Não se nasce mulher, torna-se mulher" para pensar exclusivamente no *torna-se*. Qualquer x pode tornar-se qualquer y. Não existe nenhuma relação biológica que obrigue que o corpo de uma fêmea se torne mulher ou que o corpo de um macho se torne um homem. O que existe é a heterossexualidade presumida que constrói a continuidade entre sexo-gênero-desejo.

> Se o sexo é, ele próprio, uma categoria tomada em seu gênero, não faz sentido definir o gênero como a interpretação cultural do sexo. O gênero não deve ser meramente concebido como a inscrição cultural de significado num sexo previamente dado (uma concepção jurídica); tem de designar também o aparato mesmo de produção mediante o qual os próprios sexos são estabelecidos. Resulta daí que o gênero não está para a cultura como o sexo para a natureza; ele também é o meio discursivo/cultural pelo qual "a natureza sexuada" ou "um sexo natural" é produzido e estabelecido como "pré-discursivo", anterior à cultura, uma superfície politicamente neutra **sobre a qual** age a cultura. (Butler, 2003, p. 25)

O desejo e as relações pautadas pelo sexo, portanto, são também fruto de uma construção, de um aprendizado, que é social, mas também subjetivo. A relação sexo-gênero-desejo deve, então, ser complexificada e compreendida segundo seus processos de produção. Ou seja, os corpos produzem gênero e também orientam seus desejos na intersecção do que é tornado sensível no contato orgânico entre esse corpos, ou seja, tudo que é construído social ou culturalmente é impresso em nossos sentidos, guiando nossas formas de construir nossos corpos e gêneros e também nossos desejos, para além de determinadas imposições, sejam elas quais forem, porque, em toda tentativa de controle dos corpos na humanidade, sempre foram elaboradas formas de se escapar a isso.

[5.3]
Diversidade sexual e de gênero (DSG)

A diversidade sexual e de gênero (DSG), mais comumente conhecida como *diversidade sexual*, é um termo inclusivo usado para que possamos nos referir a toda a gama de diversidade sexual, de identidades de gênero e de orientações sexuais. O importante, na referência ao termo *DSG*, é seu caráter inclusivo, sem que o sujeito de fala necessariamente tenha de especificar cada uma das identidades que compõem a pluralidade referida. Ou seja, em situações abstratas, adotar a denominação *DSG* não implica a necessidade de singularizar a identidade sexual ou de gênero, pois se pressupõe que enuncia essas questões de forma mais geral.

No Brasil, os movimentos políticos e sociais sobre diversidade sexual e de gênero remontam ao início dos anos de 1970. Esse movimento brasileiro nasceu

> formado, num primeiro momento, por homens *gays*. As lésbicas, em seguida, começam a se organizar no início dos 1980. Na década de 1990 é a vez das travestis e, depois, as(os) transexuais se integram de modo mais orgânico. As(os) bissexuais começaram a se fazer visíveis e ocupar a cena na entrada do século XXI. (Instituto Ethos, 2013, p. 9)

Apenas com o processo de redemocratização, *gays*, lésbicas, bissexuais e travestis conquistaram a liberdade necessária para construir sua visibilidade política e iniciar os processos de reivindicação de direitos (Pereira, 2017).

Até os anos de 1990, utilizava-se o termo *GLS* (*gays*, lésbicas e simpatizantes) para referir-se aos grupos de pessoas cuja sexualidade e gênero não se alinhavam aos estereótipos da heteronormatividade. A heteronormatividade é compreendida como um compêndio de discursos, valores, práticas por meio dos quais a heterossexualidade é colocada como a única forma "natural" e "correta" de expressão de identidade de gênero ou orientação sexual. A sigla representou positivamente seu tempo, no entanto, restringia a diversidade sexual e de gênero a *gays* e lésbicas.

Posteriormente, desenvolveu-se a sigla *LGBTI*, que busca abarcar os processos de legitimação de várias identidades de gênero e orientações sexuais. Popularizada primeiro nos Estados Unidos, pelos meios de comunicação e *marketing*, foi sendo incorporada aos centros de pesquisa acadêmica. Essa sigla abarca lésbicas, *gays*, bissexuais, transgêneros/transexuais e intersexuais. Contrapõe-se a uma cultura ocidental androcêntrica dominante, que secularmente hegemonizou atributos da masculinidade em detrimento daqueles da feminilidade (Bourdieu, 2002).

O destaque conceitual da sigla LGBTI é projetado para pensarmos que, com ela, podemos perceber a junção de gênero e sexualidade, dois conceitos que não são sinônimos, mas paralelos, com aproximações e distanciamentos contextuais. O movimento político-social representa, de forma dinâmica, as diversas formas de sexualidade e, também, as identidades de gênero.

No Brasil, assim como em grande parte do Ocidente, é comum utilizarmos uma classificação bem simples para nos referirmos à constituição física dos indivíduos, para o seu sexo biológico. Assim, temos *homens*, *mulheres* e *intersexuais*. Quando falamos em orientação sexual, para onde o desejo sexual se orienta, temos os termos *heterossexual*, *homossexual* e *bissexual*. Por fim, ainda existem as identidades de gênero, que podem ser *transgênero* e *cisgênero*.

Quanto aos transgêneros e cisgêneros, temos as definições:

- *Trans* é abreviação de *transgênero*. Uma pessoa trans é alguém que não se identifica com o gênero que lhe foi designado quando nasceu.
- Cisgênero é uma pessoa que se identifica com o gênero que lhe foi designado quando nasceu.

Uma pessoa cisgênero provavelmente não irá encontrar impedimentos para se inserir no mercado de trabalho pelo simples fato de ser cisgênero. Por outro lado, para uma pessoa transgênero conseguir um emprego ainda é um grande desafio por conta do preconceito. Outro grande problema da população trans é que a saúde mental dessas pessoas é comprometida principalmente pelo preconceito e pela exclusão social. Uma consequência disso é que mais de 85% dos homens trans já pensaram em suicídio ou tentaram cometer o ato. Por isso, precisamos promover a inclusão e o respeito à vida humana, independentemente da forma como ela é manifestada por cada um de nós.

Também sabemos que, em outros povos e outras culturas, existem maneiras diferentes de entendermos as relações entre sexo, gênero e orientação sexual. As classificações sociais são invariavelmente insuficientes para descrever a complexidade da sexualidade na espécie humana. Existem também pessoas que experimentam uma orientação sexual intermédia entre heterossexual e bissexual ou entre homossexual e bissexual. Pode acontecer, ainda, de sua orientação variar ao longo do tempo. Em outras palavras, na bissexualidade existe uma grande diversidade de tipologias e orientações que variam desde uma completa heterossexualidade a uma completa homossexualidade.

A diversidade referida também inclui as pessoas intersexuais, que nascem com características intermédias entre homens e mulheres; as pessoas assexuais, que não experimentam interesse na prática sexual; e todas as pessoas que consideram que sua identidade não pode ou não está definida nos termos socialmente convencionados. Também existem identidades transgênero e transexuais que não se enquadram no sistema de gênero binário. Tanto a identidade de gênero quanto a orientação sexual podem ser vivenciadas em diferentes graus além do cisgênero e da transexualidade, como no caso das pessoas de gênero não binário.

Figura 5.1 – Pronomes de tratamento (ele/ela/termo neutro) relacionados à identidade de gênero dos sujeitos

Alice Che/Shutterstock

Nesse aspecto, é importante ressaltarmos que se reivindica socialmente a diversidade sexual e de gênero como uma das formas de aceitação das diferenças, com direitos iguais, liberdades e oportunidades no marco dos direitos humanos.

[5.4] Educando corpos, produzindo gênero

Neste tópico, poderíamos elencar uma série de exemplos de instituições sociais que, com suas práticas, produzem, reproduzem ou reafirmam os estereótipos de gênero. Se olharmos para a forma como as sociedades (ao menos as ocidentais) estão organizadas, perceberemos que são vários os mecanismos sociais que, por meio de diversas práticas, por vezes sutis, outras nem tanto, reforçam concepções de mundo e modos de agir.

A educação, ou melhor, a educação formal ofertada pelas instituições escolares, públicas e privadas, é um desses *locus* sociais privilegiados nos quais claramente notamos a reprodução, a reafirmação de concepções de gênero dominantes. Uma perspectiva de análise mais neutra sobre o ambiente escolar irá apontar que o próprio espaço escolar, bem como seus docentes, está imbricado em concepções didáticas e pedagógicas construídas com base em valores preconcebidos e, por vezes, preconceituosos, que desvalorizam a diversidade no ambiente escolar. As diferenças – e, principalmente, as diferenças sexuais e de gênero – tendem a ser desvalorizadas e ocultadas nas escolas. Aqueles (professores, alunos e funcionários) que não estão adequados ao padrão de normatividade e não seguem a lógica sexo-gênero-sexualidade são constantemente deslocados para as margens também nas escolas, cujo currículo não os contempla ou não tem a intenção de contemplá-los, ainda que esses sujeitos marginalizados sejam necessários para circunscrever os contornos dos considerados "normais" (Foucault, 1987).

As instituições escolares promovem uma educação dos corpos e, consequentemente, atuam na produção e na reprodução de gênero, em um processo minucioso de disciplina dos corpos e mentes. Na escola, nossos corpos são ensinados, disciplinados, medidos, avaliados, examinados, aprovados ou não aprovados, coagidos ou consentidos (Foucault, 1987). Tudo isso ocorre por meio de práticas curriculares ou não curriculares. Os corpos são educados para a formação de homens e mulheres "de verdade", ou seja, o quanto cada pessoa estaria ou não se aproximando das normas sociais, daquilo que seria considerado "correto", "certo". Sabemos também que essas práticas escolares deixam marcas profundas na forma como construímos nossas identidades, sexual e/ou de gênero.

Para todos aqueles envolvidos no ambiente escolar são projetados tipos de comportamento e formas de ser que repliquem as normas estabelecidas, levando em conta a faixa etária e a posição do sujeito na instituição. Pensemos em alguns exemplos bem simples e cotidianos de uma escola.

- Uniformes para alunos e professores: um dos objetivos é anular, assexuar os sujeitos participantes do ambiente escolar. Entre os alunos, trata-se de uma proposta de controle das subjetividades pela anulação das diferenças; já entre os professores, tem o objetivo de controlar as imagens que transmitem como humanos em sua diversidade.

- Corpo escolarizado desde as primeiras infâncias na formação de filas: ainda existem escolas cujo critério das separações em filas seja o masculino e o feminino.
- Disciplina nas formas de expressão verbal: a escola treina para o silêncio e as falas muito moderadas.
- Construção da ideia de corpo do homem e corpo da mulher: a escola adota práticas disciplinares distintas em aulas de Educação Física, por exemplo.

No entanto, devemos compreender que os sujeitos não são meros receptores das disciplinas. Sabemos bem que a relação entre sujeito e regras na educação é dialética e multifacetada. Os sujeitos não apenas recebem as disciplinas e informações e as reproduzem; existem inúmeros mecanismos de escape desse controle social. A inventividade humana não se limita às normas. Apenas como um exemplo, lembremos de como alunos estilizam seus uniformes escolares a fim de imprimir sua personalidade em uma roupa padrão.

Mais especificamente sobre a sexualidade, a escola ocupa um lugar fundamental entre as instituições que têm o objetivo de fixar a identidade heterossexual como verdade absoluta e, consequentemente, reprimir qualquer outra identidade diferente dessa. Assim, incentiva a sexualidade normativa, reprimindo a homossexualidade, ao mesmo tempo em que tenta, principalmente entre os jovens, conter a sua sexualidade. Esse processo de contenção da sexualidade dos jovens, ou seja, de adiamento para a vida adulta, dá-se pela negação, pela anulação de qualquer diálogo sério sobre o tema no ambiente escolar (Louro, 2000).

A produção da heterossexualidade é acompanhada pela negação da homossexualidade. Mas também produz espaços e práticas de intenso contato com redutos exclusivamente masculinos. Apesar de avanços significativos, a homossexualidade ainda é uma questão privada. É só repararmos como ainda nos dias de hoje é incômodo para muitas pessoas a manifestação aberta, pública, de sujeitos e práticas não heterossexuais.

Não estamos nos referindo a práticas sexuais obviamente. A escola não cumpre seu papel de educar cientificamente o aluno sobre as questões de sexualidade. Desresponsabiliza-se do tema. Quantas vezes já não ouvimos falar que temas relacionados ao sexo são coisas de adultos? Por certo que é um tema que também está presente na vida adulta. Nesse caso, o ponto não é o tema, mas a forma como cada tema é tratado no ambiente escolar conforme a faixa etária do aluno. A escola se nega a tratar da questão de forma aberta, no entanto, é notória a constante vigilância por parte de professores, funcionários e pais sobre a sexualidade das crianças e dos adolescentes.

Quais as consequências que essa ausência produz entre os alunos? Analisamos duas: a primeira seria a produção de mais curiosidade e interesse entre os jovens; a segunda, a vergonha e a culpa dos estudantes por não ter meios de lidar com suas experiências concretas de sexualidade.

> Louro (2000), ao investigar o tratamento da instituição escolar em relação às questões de gênero e diversidade sexual, aponta que existe um ocultamento de determinados indivíduos, situação

observada através do silenciamento da escola em relação aos sujeitos homossexuais. Esse silenciamento torna-se contraditório na medida em que evidencia a influência da escola no processo de construção das diferenças. A autora entende que o objetivo de tal silenciamento é suprimir esses indivíduos de forma que os(as) estudantes considerados(as) "normais" não os reconheçam e não possam aceitá-los(as). (Rodrigues, 2017, p. 6)

Conforme Louro (2000), elencamos alguns elementos que contribuem para a reflexão da escola quanto às práticas educativas e a sexualidade:

- **Lugar de ocultamento da sexualidade**: Mantém-se, com relação à sexualidade, como o lugar do desconhecimento e da ignorância.
- **Pedagogias da sexualidade**: Afirmação da normatividade, silenciamento das diferenças e aprendizados escondidos.

Como uma instituição social, o ambiente escolar trabalha para que as identidades sejam construídas de forma a valorizar um determinado padrão em detrimento de outros, construindo e reproduzindo exclusões de inúmeros sujeitos sociais. Propostas curriculares extremamente engessadas, práticas disciplinares não reflexivas e inexistência de uma pedagogia dialógica fazem das instituições escolares espaços que perpetuam as desigualdades e legitimam os preconceitos. No que se refere à sexualidade e às relações de gênero, a exclusão também é muito marcante, pois reproduz a heterossexualidade compulsória pela insistente normatização dos papéis sociais de homens e mulheres (Louro, 2000).

No entanto, devemos ter em mente que as propostas de educação inclusiva têm apresentado inúmeros exemplos de sua positividade, não apenas do ponto de vista da inclusão de gênero, mas também das outras inúmeras formas de inclusão social que a escola pode proporcionar. Ou seja, a educação como direito de todos deve privilegiar valores de convívio entre os sujeitos, independentemente das limitações ou das especificidades de cada um. Sua função é acolher e garantir o acesso e a permanência de todos os indivíduos na escola.

Quando pensamos na educação formal como local de socialização do conhecimento e do preparo para a vida em sua totalidade, é importante levarmos em consideração diversos aspectos que irão influir na vida dos alunos. Esse espaço de socialização, produção e reprodução de conhecimentos tem por obrigação proporcionar aos sujeitos educandos a oportunidade de compreender a história da sexualidade não apenas ocidental, mas de outros povos. A diversidade de gênero e sexual é parte do conhecimento acumulado pela humanidade, e é dever da escola repassar tais conhecimentos, bem como apontar que os mecanismos de exclusão e de produção da norma sexual são construções sociais realizadas ao longo do tempo. A escola ainda deve reconstruir esses saberes e essas formas de atuar no mundo, desde que preservemos o respeito à diversidade.

[5.5]
Pensar as intersecções

As concepções sobre interseccionalidade estão presentes há tempos na retórica dos movimentos políticos e nas análises acadêmicas de feministas negras, como em Akotirene (2018). É interessante pontuarmos que, de uma forma mais geral, as perspectivas de análise interseccional, com a produção teórica feminista, têm origem na articulação entre as demandas de mulheres negras e lésbicas dos Estados Unidos, de países africanos e da América do Sul. Ademais, o conceito se desenha mais claramente em 1989, com a pesquisadora estadunidense Kimberle Crenshaw, teórica do direito e professora da Universidade de Columbia, negra e feminista. Na sua pesquisa (Crenshaw, 2004), compreendida como um marco referencial da temática de interseccionalidade, a autora analisa um processo judicial movido por uma trabalhadora negra (Emma DeGraffenreid) contra uma fábrica automobilística (General Motors). A ação demandava que a empresa contratasse mulheres negras, até então ausentes em seu quadro de funcionários. A sentença judicial foi contrária à demanda, com a alegação de que não havia tipificação criminal, visto que homens negros compunham o quadro de funcionários, assim como mulheres brancas. Ou seja, nessa decisão, ao desconsiderar as múltiplas intersecções entre gênero e raça, universalizou-se a questão racial pelo homem negro e a questão de gênero pela mulher branca, não configurando discriminação racial ou preconceito de gênero.

Apresentamos esse caso pelo ineditismo da questão síntese. A decisão judicial é significativa, pois sintetiza uma forma de conceber as questões raciais e de gênero como categorias de opressão estruturais autônomas, como se as opressões não fossem combinadas e experienciadas de forma conjunta nos corpos dos sujeitos. É importante compreendermos que as opressões estruturais não possibilitam escolhas para as mulheres negras, pois é o conjunto dessas opressões (gênero e raça) que a colocam nesse lugar social. Ao se lidar com problemas de discriminação, como o racismo e o sexismo, percebemos que essas duas questões frequentemente se sobrepõem, criando múltiplos níveis de injustiça social. Esse é um problema de enquadramento, um prisma que nos permite observar a questão sob outra perspectiva. Crenshaw (2004) cunha a interseccionalidade pensada por meio da analogia com grandes avenidas, que representam estruturas sociais que se entrecruzam. Nesses cruzamentos é que se encontram as pessoas vítimas do impacto simultâneo de discriminação, sobrepostas por estruturas e opressão. Assim, *interseccionalidade* fala sobre as múltiplas forças sociais que trabalham combinadas e de maneira entrecruzadas e atingem os sujeitos de forma contextualizada pelos tempos históricos e pelos espaços geopolíticos e culturais nos quais estão inseridos. A discriminação e a sua invisibilidade configuram-se como um duplo problema e não se restringem às questões de gênero e raça. As intersecções podem ser de raça, classe, gênero, heterossexismo, homofobia, lesbofobia, transfobia, xenofobia, pela condição física, pela condição intelectual ou mesmo pelo capacitismo.

Figura 5.2 – Representação imagética da interseccionalidade feita por Kimberle Crenshaw

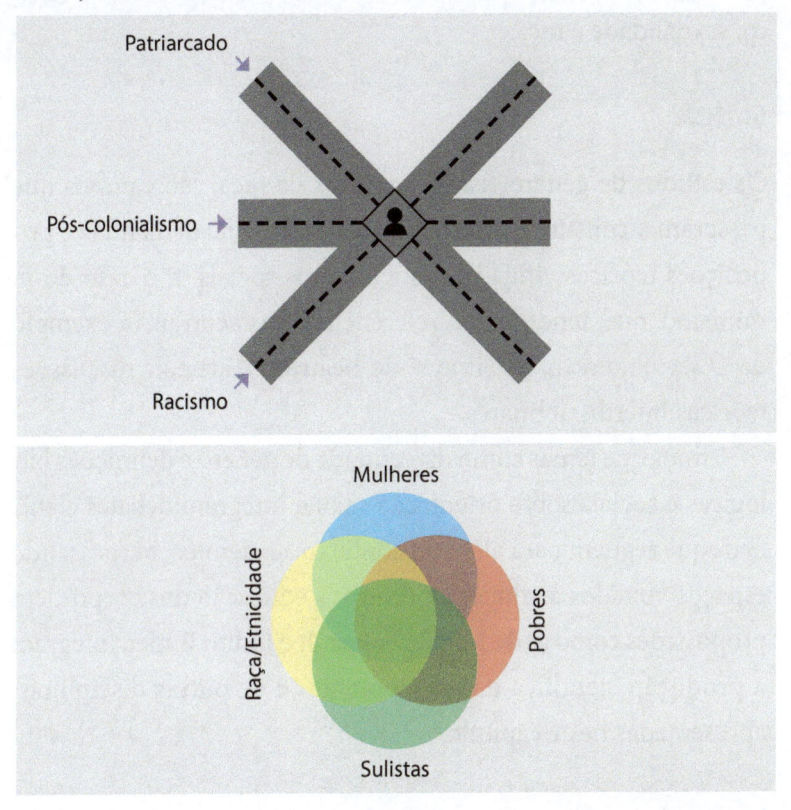

![Figura 5.2: diagrama superior com vias rotuladas Patriarcado, Pós-colonialismo e Racismo cruzando-se; diagrama inferior com diagrama de Venn com círculos rotulados Mulheres, Raça/Etnicidade, Pobres e Sulistas]

Fonte: Crenshaw, 2004, p. 10-11, tradução nossa.

Portanto, a interseccionalidade coloca em perspectiva diversas reflexões críticas e possibilidades de investigação de políticas públicas, o que permite ampliarmos o olhar acerca da produção de desigualdades em contextos específicos e mais condizentes com a realidade. Em outras palavras, possibilita que captemos melhor o papel das relações de poder e seus impactos no cotidiano dos sujeitos. Acrescentar a interseccionalidade nas análises nos traz oportunidades de interconectar questões estruturais como gênero, sexualidade e raça.

Síntese

Os estudos de gênero, assim como os de raça, são campos que passaram a constituir a antropologia a partir de demandas e proposições teóricas vindas de movimentos sociais. É o caso do feminismo, que, tendo como referência obras centrais (a exemplo de O segundo sexo, de Simone de Beauvoir), articula discussões teóricas interdisciplinares.

Vimos que temas como diversidade de gênero e definições biológicas e sociais sobre orientação sexual integram debates científicos que seguem para além do contexto acadêmico, perpassando espaços voltados à educação. Assim, a educação dos corpos, em proposições como as de Michel Foucault e Judith Butler, integram a produção científica da antropologia (e de outras disciplinas) apresentadas neste capítulo.

Indicações culturais

BEAUVOIR, S. de. **O segundo sexo**. Tradução de Sérgio Milliet. 2. ed. Rio de Janeiro: Nova Fronteira, 2009.
> Nessa obra, publicada originalmente em 1949, Beauvoir analisa a situação da mulher na sociedade de sua época. Uma das obras mais celebradas e importantes para o movimento feminista, tornou-se referência pelo trabalho acadêmico minucioso e pela ousadia em tratar de questões tão caras às mulheres em um período de grande conservadorismo.

HOJE eu quero voltar sozinho. Direção: Daniel Ribeiro. Brasil, 2014. 96 min.

O filme trata de forma extremamente sensível o despertar da sexualidade na adolescência, traçando questões em paralelo com outras dimensões da individualidade dos personagens, como no personagem principal Léo, que é cego.

MAITENA. **Mulheres alteradas**. Tradução de Ryta Vinagre. Rio de Janeiro: Rocco, 2004. v. 1-5.

Maitena é uma cartunista argentina que publicou uma série de livros denominados *Mulheres alteradas*. Sua obra reflete, de forma divertida e leve, os problemas vivenciados pelas mulheres urbanas da contemporaneidade.

STRATHERN, M. **O gênero da dádiva:** problemas com as mulheres e problemas com a sociedade na Melanésia. Tradução de André Villalobos. Campinas: Ed. da Unicamp, 2009.

Publicado originalmente em 1988, é um livro de extrema relevância para a produção antropológica. Inspirada pelo feminismo, a autora retoma o tema clássico da dádiva sob uma perspectiva de gênero.

TORRE das donzelas. Direção: Susanna Lira. Brasil, 2018. 97 min. Documentário.

Depois de 40 anos, o documentário conta a história de um prédio na cidade de São Paulo que abrigava presas políticas durante a ditadura militar. Essa narrativa é feita com base em relatos das próprias mulheres que passaram pela penitenciária feminina.

Atividades de autoavaliação

1] Margaret Mead, nos anos de 1930, publicou o livro chamado *Sexo e temperamento*. Sobre esse trabalho, assinale a alternativa **incorreta**:

   a) O que determina se uma pessoa é um homem ou uma mulher são aspectos biológicos.

   b) A obra inaugurou a ideia de construção cultural do gênero.

   c) O livro refuta a concepção de que ser homem ou ser mulher é algo dado pelo aspecto biológico.

   d) A obra apresenta as questões de gênero com base em construções histórico-sociais.

   e) É considerado o primeiro estudo antropológico com enfoque de gênero.

2] Judith Butler (2003) afirma que as relações de gênero são performativas. Assinale a afirmativa que **não corresponde** ao pensamento da autora:

   a) Nossa fala, nosso vocabulário ou nossa maneira de caminhar orienta a forma como somos interpretados pela sociedade quanto ao gênero.

   b) Afirmar que o gênero é performativo significa que sempre pertencemos a uma ou outra categoria desde que nascemos. Não existe possibilidade de mudanças.

   c) Embora tenhamos a crença de que o gênero é algo natural, um fato acerca de quem somos, o gênero é fenômeno produzido (e reproduzido) ao longo do tempo.

   d) Ao afirmarmos que a construção de gênero se dá em nossa performatização, estamos argumentando que nossa prática, como homens ou mulheres, é orientada por aquilo que acreditamos ser o correto em termos estéticos, de postura ou de comportamento.

e) Afirmar que o gênero é performativo significa que estamos em processo de constante mudança, que pode tanto reafirmar como mudar nossas percepções sobre gênero.

3] Tendo em vista as questões referentes à diversidade sexual e de gênero no ambiente escolar, assinale a opção correta:
a) Quando pensamos na educação formal como local de socialização do conhecimento e do preparo para a vida em sua totalidade, não é importante levarmos em consideração os diversos aspectos da vida dos alunos.
b) Como espaço de socialização, produção e reprodução de conhecimentos, a escola não tem por obrigação proporcionar aos sujeitos educandos a compreensão da história da sexualidade.
c) A escola não deve reconstruir saberes e formas diversos de atuar no mundo. Essa não é sua função social.
d) A diversidade de gênero e sexual é parte do conhecimento acumulado pela humanidade, e é dever da escola repassar tais conhecimentos, bem como apontar que os mecanismos de exclusão e de produção da norma sexual são construções sociais realizadas ao longo do tempo.
e) A diversidade de gênero e sexual é assunto meramente privado e não remete aos conhecimentos acumulados pela humanidade.

4] As instituições escolares promovem uma educação dos corpos e, consequentemente, atuam na produção e na reprodução de gênero, em um processo minucioso de disciplina dos corpos e das mentes. A qual dos autores seguintes essas ideias associam-se mais fortemente?
   a) Franz Boas.
   b) Michael Foucault.
   c) Clifford Geertz.
   d) Claude Lévi-Strauss.
   e) Lewis Morgan.

5] Sobre as questões referentes à interseccionalidade, assinale a alternativa **incorreta**:
   a) A interseccionalidade está presente há tempos na retórica dos movimentos políticos e nas análises acadêmicas de feministas negras.
   b) O conceito se desenhou com a pesquisadora estadunidense Kimberle Crenshaw, negra e feminista.
   c) A interseccionalidade não trata de relações de poder e seus impactos no cotidiano dos sujeitos. Gênero, raça e sexualidade são questões trabalhadas de formas distintas.
   d) A interseccionalidade fala sobre as múltiplas forças sociais que trabalham entrecruzadas e atingem os sujeitos de forma contextualizada.
   e) A interseccionalidade permite ampliar o olhar acerca da produção de desigualdades em contextos específicos.

Atividades de aprendizagem

Questões para reflexão

1] Pesquise na internet ou na biblioteca mais próxima textos etnográficos que apresentem modelos de família, casamento e sexualidade diferentes daqueles vivenciados em nosso contexto cultural. Elabore um pequeno quadro comparativo de ao menos dois grupos e/ou sociedades que aponte as diferenças entre essas noções e práticas culturais.

2] Com dois exemplos concretos, explique como os conceitos de *transgênero* e *cisgênero* se relacionam com a ideia de identidade.

Atividade aplicada: prática

1] Elabore um plano de aula que aborde a temática de gênero e sexualidade. O plano deve considerar as formas e as leituras de gênero e sexualidade no contexto escolar.

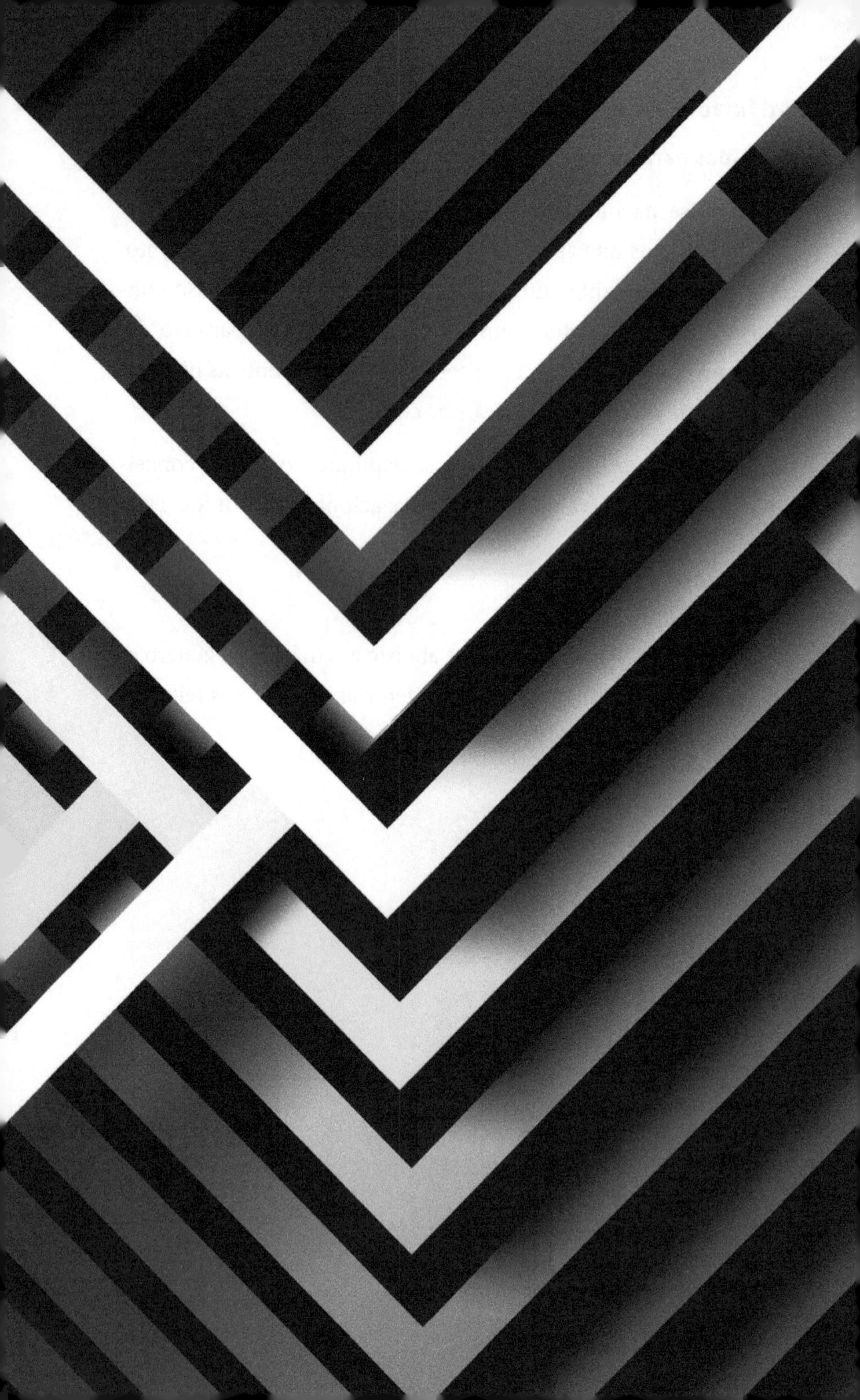

Do que se faz a antropologia brasileira: raça, nação e cultura popular

[Capítulo 6]

Tratar do processo de constituição da antropologia feita no Brasil é falar das dinâmicas de construção de nossa nação que, obrigatoriamente, passam por encontros entre colonizadores e populações originárias e marcam debates pautados pela ideia de raça. Também nessa encruzilhada dos processos de colonização nasce a disciplina que tem como mote a compreensão do outro e de suas práticas, para assim elaborar reflexões sobre sua própria humanidade.

Nesse contexto, é importante frisarmos o estabelecimento inicial da antropometria – e suas comparações por meio de olhares etnocêntricos – como linha de atuação da antropologia, bem como as mudanças proferidas a partir de demandas de movimentos sociais, as quais vêm promovendo uma torção na teoria antropológica e em suas produções acerca do tema.

[6.1]
O conceito de *raça* na construção antropológica

Neste último capítulo, abordaremos o conceito de *raça* articulado ao de *etnia* e às ideias sobre culturas populares no Brasil, com o propósito de elaborarmos um fechamento das questões sobre antropologia contemporânea apresentadas ao longo deste livro. Adiantamos que o conceito de *cultura popular*, trabalhado por autores como Mikhail Bakhtin (1965) e atualizado em leituras como de Rita Segato (1991), nos interessam pela especificidade de sua relação com as ideias sobre raça, especialmente no que tange às formulações acerca da identidade nacional. Como podemos notar, alguns estudos abordam como esses conceitos se entrelaçam no processo de constante reelaboração acerca da identidade nacional.

Assim como anunciamos na introdução desta obra, esta seção, como as outras, não tem pretensão nenhuma de encerrar os debates sobre as temáticas apresentadas, centrais às reflexões antropológicas já produzidas. Assim, constituímos *raça* como um fio condutor para apresentarmos análises e classificações, antes pautadas em perspectivas biológicas, e para orientarmos as transformações do pensamento antropológico, justamente por seu viés etnográfico. Nessa via de mão dupla é que tecemos este capítulo, via na qual as reflexões teóricas de nosso campo influenciam o pensamento social e também como as práticas sociais dimensionam mudanças no interior da disciplina.

Surgida no bojo dos debates acerca da alteridade encontrada em territórios distantes, é a ideia de **raça** que conforma as análises inicialmente produzidas na antropologia. Entre outras características ligadas ao fenótipo dessas populações, como forma dos cabelos, olhos e estatura: "A cor da pele foi a característica classificatória que se impôs, tanto nas taxonomias científicas como nas concepções mais populares sobre as raças humanas" (Seyferth, 1993, p. 176). As distinções fenotípicas e, posteriormente, as medições também fenotípicas, serviram para que as recentes teorias das ciências humanas comprovassem que era possível determinar estágios evolutivos da humanidade e que, portanto, haveria grupos mais evoluídos que outros. Isso justificou, à época, a dominação que estava sendo realizada nesse período, em processos de colonização, como o ocorrido no Brasil.

A classificação que parte das ciências naturais, caracterizada por enxergar grupos humanos não europeus como inferiores, passou a ser aplicada após o início das grandes expedições e dos processos de colonização e dominação desses "outros", pautados e descritos pelos olhos de determinações eurocêntricas. Características como cor de pele são postas como referência para determinar a evolução de determinados povos, sempre à contraposição (etnocêntrica) de desenvolvimento das ditas civilizações europeias. Os princípios darwinistas, assim, foram transferidos para avaliar os grupos humanos, que apontavam características morais e de classificação estética das populações. Princípios que, posteriormente, iriam orientar teorias e práticas eugenistas de embranquecimento de determinadas populações consideradas atrasadas por suas características fenotípicas.

> A lição sociológica a deduzir é simples: a substituição da palavra raça por população (ou qualquer outra, como "variedade") não produz alteração nas ideologias comprometidas com a ideia de desigualdade. As várias declarações sobre raça publicadas pela UNESCO desde 1950 condenaram, explicitamente, a manipulação ideológica do conceito, fazendo sempre a distinção entre raça como fato biológico e os mitos raciais produzidos pelo racismo. As Declarações de 1950, 1952 e 1964 acentuam que a finalidade dos estudos científicos acerca das raças humanas visam facilitar a análise dos fenômenos evolutivos; elas existem, de fato; o racismo é que não tem qualquer respaldo da ciência. (Seyferth, 1993, p. 177)

Portanto, embora práticas racistas tenham sido respaldadas por produções científicas contemporâneas aos processos de dominação de algumas nações em relação a outras, mais especificamente de brancos (europeus) sobre não brancos, a ideia de raça e suas avaliações sobre diferenças biológicas foram desenvolvidas com base em parâmetros hoje tomados como genéticos e necessários a pesquisas em áreas como a da saúde. Embora incipiente em pesquisa e, especialmente, em políticas públicas, essa é uma demanda antiga dos movimentos sociais negros, que, desde a década de 1970, levantam a necessidade de debater essa temática, bem como de promover reflexões e ações que tratem especificamente da saúde pública da população negra brasileira. Maio e Santos (2010) apresentam um panorama sobre a relação entre raça, etnia e identidades no contexto da saúde.

Além disso, temos as condições biológicas e genéticas, que também não se afastam da dimensão social – e, por consequência, do peso do racismo –, pelas quais alguns grupos passaram ao longo do tempo. Há alguns estudos, realizados por diferentes universidades e instituições brasileiras, por exemplo, que apontam os altos índices de hipertensão e riscos cardiovasculares na população negra, que têm, entre outras causas, a grande desigualdade na qualidade de vida em relação aos não negros (Laguardia, 2005).

A antropometria, utilizada por teóricos eugenistas, foi desenvolvida com o objetivo de hierarquizar, em escalas, valores intelectuais ligados a características morfológicas dos sujeitos. Aliada a essa hierarquização biológica, faz uma análise moral sobre hábitos e comportamentos daqueles classificados como *inferiores* na escala evolutiva de humanidade. Como aponta Munanga (2003,

p. 12), "O conteúdo da raça é morfobiológico e o da etnia é sociocultural, histórico e psicológico". No Brasil, as teorias eugenistas e as políticas de Estado executam um projeto de branqueamento, dado especialmente pela imigração de diferentes nações europeias, como descrito por autores como Raymundo Nina Rodrigues, que, com Gilberto Freyre, foi expoente dos principais debates raciais no país, polarizados, especialmente na década de 1940, no debate localizado entre a Bahia, representada por Rodrigues, e Freyre (Corrêa, 2000). De um lado, Rodrigues e seus discípulos reforçam a presença africana e suas influências no Brasil e, de outro, Freyre traz a ideia de uma nação híbrida e marcada pela mestiçagem, ou seja, por seu processo de branqueamento.

> E o postulado de que o negro pode chegar ao branco em três gerações é ilustrado com a reprodução de um quadro pertencente ao acervo do Museu Nacional de Belas Artes. Não é por acaso que o quadro em questão, pintado por Modesto Brocos em 1895, tem a significativa denominação de "Redenção de Cam" – redenção, pelo branqueamento, do neto de uma negra ex-escrava. O caráter ideológico, emblemático, desta pintura foi por mim assinalado em outro texto e remete às teorias sobre a diversidade humana articuladas com o livro bíblico do Gênesis que consideraram os negros descendentes de Cam, o filho de Noé amaldiçoado por Deus. Neste caso, a maldição bíblica é transformada em maldição de cor da pele – e a possibilidade de branqueamento em três gerações, eternizada na pintura, redime a negra no fenótipo ariano do seu descendente! (Seyferth, 1993, p. 185)

Foi essa possibilidade que guiou algumas políticas brasileiras do período, que promoveram a ocupação das terras nacionais por diversos grupos de imigrantes: italianos, alemães, ucranianos e poloneses, entre outros. Acreditava-se que, impulsionados pela sugestão de teóricos como Gobineau, o qual incentivava a imigração, seria possível, com a miscigenação, branquear e melhorar a genética de nossa população. E isso segue na estrutura do pensamento social brasileiro, especialmente no modo como o racismo se dá em nosso país, como trata o artigo de Santos e Maio (2005).

Em um contexto mais geral, teorias como a de Gobineau, grande expoente das formulações eugenistas, foram abandonadas (ainda que não totalmente) pelas análises das ciências humanas e receberam duras críticas ao seu viés biologizante e referendado por determinismos geográficos e ligados ao clima. O conceito de *raça* deu, então, lugar a elaborações que o reposicionam em uma leitura social. Um dos textos clássicos de Lévi-Strauss, *Raça e história*, publicado em 1976, posiciona a disciplina fazendo um *mea culpa* no tocante às ideias antropológicas seminais, que ratificavam definições oriundas da antropologia física, tão marcada pelo etnocentrismo e pelo pensamento racista da época.

> Mas o pecado original da Antropologia consiste na confusão entre a noção puramente biológica da raça (supondo, aliás, que, mesmo neste terreno limitado, esta noção pudesse pretender à objetividade, o que a Genética moderna contesta) e as produções sociológicas e psicológicas das culturas humanas. (Lévi-Strauss, 1976, p. 329)

Com base em reflexões como as anteriormente postuladas, Lévi-Strauss desenvolve uma série de elaborações sobre cultura e raça, diversidade das culturas, etnocentrismo, civilização ocidental, progresso, entre outras, para tratar – com foco na diferença e na similaridade, mas não na hierarquização – dos grupos humanos estudados pelas ciências sociais. A sua relação com o campo da linguística ganha peso e contribui grandemente para as análises que faz, especialmente no que tange às classificações acerca de culturas primitivas e civilizadas, abordadas na sua obra *O pensamento selvagem*, de 1962. O antropólogo desloca o foco das classificações de raça, e de suas dimensões negativas e positivas, para o das culturas e de como os grupos concebem sua própria história, entre estacionária e cumulativa.

> Há muito mais culturas humanas do que raças humanas, já que umas se contam por milhares e as outras por unidades: duas culturas elaboradas por homens pertencentes à mesma raça podem diferir tanto, ou mais, que duas culturas provenientes de grupos racialmente afastados. (Lévi-Strauss, 1976, p. 329-330)

A pluralidade dos grupos humanos seria, na perspectiva de Lévi-Strauss, inerente à própria existência, razão por que seria impossível pensar em um único gênero ou modo de vida em uma humanidade, o que ele classificaria como *petrificada*. No entanto, as elaborações biológicas sobre raça, em perspectivas racistas, ainda seguem no imaginário social tanto no plano nacional quanto mundial. Nas décadas de 1950, 1960 e 1970, o racismo foi institucionalizado pelo Estado em países como Estados Unidos e África do Sul, nos quais o *apartheid* e a segregação criaram discursos oficiais acerca da inferioridade das populações negras, que produziram lutas intensas relacionadas aos direitos civis, a exemplo da vida e da obra da filósofa e ativista Angela Davis, que teve seus livros publicados recentemente, entre eles, *Mulheres, raça e classe* (2016). Nesse período, no Brasil se desenvolvia o nacionalismo, dominado pelo discurso da democracia racial, o que se seguiu nos anos ditatoriais. "O significado 'democratizante' pretendido por boa parte da elite nacional para o amplo processo de miscigenação ocorrido no Brasil desde os tempos coloniais, assim, não resiste ao pequeno espaço do elevador de serviço" (Seyferth, 1993, p. 194) e vai produzir um racismo à brasileira, tema que será discutido na próxima seção deste capítulo.

É importante citarmos que o conceito de *racismo* também apareceu em perspectivas científicas, em período anterior ao texto de Lévi-Strauss, na década de 1930. Ainda em definição de Seyferth (1993, p. 178), a palavra surge "para identificar um tipo de doutrina que, em essência, afirma que a raça determina a cultura". As elaborações acerca do termo *racismo* seguem e crescem conforme os movimentos sociais se articulam dentro e fora do ambiente acadêmico. Assim, também denominado *racismo sistêmico*, o termo *racismo institucional* foi definido pelas ativistas Stokely Carmichael e Charles Hamilton, em 1967, para especificar como o racismo se manifesta nas organizações e nas instituições sociais. Para Carmichael e Hamilton (1967, citados por Geledés; Cfemea, 2013, p. 4), "trata-se da falha coletiva de uma organização em prover um serviço apropriado e profissional às pessoas por causa de sua cor, cultura ou origem étnica".

[6.2]
Raça, mestiçagem e racismo na antropologia feita em casa

Ao anunciar que a classificação é um dado da unidade do espírito humano, o antropólogo brasileiro-congolês Kabengele Munanga (2003) desenvolveu uma série de análises sobre o conceito de *raça* no Brasil e, na antropologia brasileira, debates sobre identidade nacional, racismo e etnia. É, pois, com a classificação de grupos de seres humanos ainda nos primórdios da antropologia, em especial na escola evolucionista, que a disciplina desenvolveu seus olhares sobre contextos sociais de colonização e miscigenação. Em uma perspectiva histórica, a ideia de raça passou a integrar o vocabulário nacional a partir da década de 1850, período que (não coincidentemente) marcou o fim do tráfico negreiro e a instituição da Lei 601, a *Lei de Terras*, quando as ideias eugenistas começaram a ter mais força e se iniciou o processo imigratório de populações europeias para o Brasil. Esse processo passou a ter espaço entre intelectuais como Silvio Romero (1888) e Oliveira Viana (1920, 1922), em consonância com as ideologias e teorias dos darwinistas sociais.

> A ideia de raça no Brasil foi, contudo, uma invenção peculiar, inspirada nos vários determinismos raciais europeus e norte-americanos e na presunção da superioridade da civilização ocidental moderna. A mestiçagem e seus efeitos constituiu o tema central da interpretação orgânica da história do Brasil e das especulações acerca do futuro da nação. (Seyferth, 1993, p. 179)

A ideia de raça no Brasil, portanto, está diretamente relacionada – e em contraposição – à de miscigenação. É nesse tensionamento que esses dois conceitos se desenvolvem tanto no imaginário social brasileiro quanto na formação da antropologia feita em nosso território e a partir dele. É importante lembrarmos que muitas pesquisas etnográficas centrais na antropologia mundial foram realizadas em solo brasileiro, a exemplo de missões e projetos que trouxeram antropólogos como Lévi-Strauss ao país entre os anos de 1935 e 1938. Logo, a mestiçagem mostra-se como uma saída nas práticas sociais de branqueamento, para que a população busque sempre por pares de tez mais clara, bem como povoa as produções científicas e literárias acerca da formação do povo brasileiro e de sua identidade. Intelectuais e pesquisadores procuravam compreender e analisar de que forma indígenas, negros e descendentes de imigrantes se relacionavam e compunham a população. "A pluralidade racial nascida do processo colonial representava, na cabeça dessa elite, uma ameaça e um grande obstáculo no caminho da construção de uma nação que se pensava branca" (Munanga, 2008, p. 51). O processo violento de escravização de negros e indígenas, marcado por estupros e outras práticas, além do genocídio (físico e cultural) em massa desses sujeitos, firma a história, o pensamento e a estrutura social brasileiros. Embora o processo de miscigenação nacional carregue essas marcas, no âmbito da produção de conhecimento científico a miscigenação ganhou tons mais amenos, e o hibridismo de nossa população passou a ser valorizado em prol da construção identitária nacional.

As construções teóricas sobre esse tema ganham espaço na academia. Na década de 1940, como citamos anteriormente, os estudos concentraram-se em dois expoentes: Gilberto Freyre e Raymundo Nina Rodrigues. O primeiro é reconhecido entre seus pares pela obra *Casa-grande & senzala* (1933), que estabeleceu o mito da democracia racial brasileira, no qual postulava-se uma convivência harmoniosa. As reflexões críticas elaboradas sobre o pensamento de Freyre e seu papel na constituição do pensamento social brasileiro, já apontadas no terceiro capítulo desta obra, destacam-se por – ao contrário de muitos de seus pares – apresentar negros e indígenas segundo uma abordagem cultural, e não biológica.

No entanto, como aponta Seyferth (1993, p. 190), a mestiçagem seguia como um paradoxo e uma contradição que serve para justificar a inexistência de preconceitos raciais no Brasil: "os mestiços são um obstáculo classificatório quase insuperável para os inventores de raça, mas também serviram de modo admirável para reforçar o mito da inexistência de preconceito racial arraigado no Brasil". As proposições assinaladas por Seyferth (1993) fizeram eco às análises de outra antropóloga, Mariza Corrêa, que trata da produção antropológica desse período e utiliza como figuras retóricas bonecas baianas "como um símbolo nacional não desejado" (Corrêa, 2000, p. 234) e, como seu contraponto, a figura de Carmem Miranda, a artista portuguesa transformada em símbolo nacional brasileiro.

> É nesse cenário que as relações entre raça e gênero vão assumir novos contornos: além de continuarem a ser exploradas pela cultura popular ou erudita, preferencialmente simbolizadas pela figura da mulata, se expressarão também nas relações dos antropólogos entre si e, particularmente, na crítica ao trabalho de antropólogas brancas que trabalhavam com o tema da raça. O título alude ao "sumiço" dos orixás e das bonecas baianas enviadas por Heloisa Alberto Torres, diretora do Museu Nacional, à Exposição do Mundo Português de 1940, em Lisboa, caso examinado aqui como metáfora dessas relações. (Corrêa, 2000, p. 233)

Desse modo, Corrêa (2000) traça relações de raça e gênero segundo o episódio citado e desfia o contexto social da produção antropológica brasileira com foco nos debates polarizados entre Rodrigues e Freyre, mas também nas dinâmicas internas das pesquisas nacionais e internacionais relativas à temática. Agregado ao que chamavam *escola Nina Rodrigues*, temos o jornalista baiano Edison Carneiro (1912-1972), que algumas vezes se afirmou como um dissidente e que teve importante trabalho na Comissão Nacional do Folclore e, posteriormente, na Campanha Nacional de Defesa do Folclore. Essas e outras questões são importantes para pensarmos as elaborações acerca de expressões da cultura popular brasileira, dos estudos sobre folclore e, mais recentemente, do que classificamos como *patrimônio imaterial* das temáticas raciais, negras ou indígenas, todas profundamente arraigadas na constituição da antropologia no Brasil. Carneiro, que tem entre suas obras célebres o livro *Candomblés da Bahia*, publicado em 1948, é a figura-chave para a leitura que Corrêa (2000) produz sobre a presença e a produção científica da antropóloga Ruth Landes (1908-1991), que passou pelo Brasil, mais especificamente pela Bahia, entre os anos de 1938 e 1939. Carneiro, um estudioso frequentador assíduo dos terreiros de Salvador, vivenciava sua negritude de maneira ambivalente, como definiu Rossi (2011), pois tinha a mãe mulata – conforme classificações raciais da época – e o pai branco e, assim, era lido socialmente ora como branco, ora como mulato.

O papel de Carneiro é emblemático, pois foi ele quem guiou Landes em seu trabalho de campo e a auxiliou em suas elaborações, o que desagradou outros intelectuais, como Freyre, que travava duro embate teórico com o núcleo de pesquisadores baianos e suas elaborações, que ressaltavam a presença africana na formação da cultura e do povo brasileiro. Esse embate foi representado pela realização de dois congressos afro-brasileiros, o primeiro em Recife, capitaneado por Freyre, em 1934, e o segundo em Salvador, organizado por Carneiro, em 1937. As trocas de críticas entre um e outro se seguiram, e foi nesse contexto que se deu a chegada de Landes ao Brasil, dois anos após a realização do congresso baiano.

Quanto ao gênero, Landes também se diferenciava de outras mulheres recém-chegadas ao país, já que, como afirma Corrêa (2000, p. 340), "até então, as pesquisadoras que aqui chegaram eram *doublés* de esposas dos pesquisadores, como Dina Levi-Strauss, Frances Herskovits, Yolanda Murphy", além de ter sido "quase" uma exceção, por escolher a temática de raça e por realizar sua pesquisa por conta própria, sem a ajuda financeira institucional.

o interesse maior dos pesquisadores estrangeiros eram as populações indígenas e sua alteridade mais distante, que resultou no desenvolvimento da etnologia brasileira (Oliveira, 1998). Outra peculiaridade do trabalho da antropóloga – e que provocou uma série de discordâncias entre seus pares – foi a centralidade da dimensão de gênero em suas análises e suas considerações, que não enfatizavam o purismo do candomblé no Brasil, como era comum nas pesquisas sobre as religiões de matrizes africanas. Landes, ao chegar, apresentou-se a Heloísa Buarque de Holanda, na época diretora do Museu Nacional e responsável pelo acesso de pesquisadores às áreas indígenas.

City of women, livro que reuniu as análises de Landes, foi publicado em inglês em 1947 e, 20 anos depois, em 1967, ganhou uma edição brasileira. A obra foi fruto do relatório de sua pesquisa em Salvador e teve avaliações negativas, em especial de pesquisadores afiliados a Freyre. Segundo Corrêa (2000, p. 242, grifo do original), isso se deu

> por sua ênfase nas relações **raciais**, num momento em que a antropologia passava a dar ênfase a explicações **culturais**, e, por último, por sua descrição, destoante das descrições canônicas, a respeito da importância que as mulheres tinham nos terreiros de candomblé. Certamente todos esses pontos estiveram presentes na hostilidade que aqueles dois professores demonstraram em relação à pesquisadora, mas há ainda duas questões em geral subestimadas nessas análises que parecem merecer atenção: uma delas diz respeito à constituição do campo de estudos sobre relações raciais,

a outra à constatação, feita por Landes, sobre a importância da presença de homossexuais no campo das religiões afro-brasileiras.

O que é premente apontar sobre as reflexões propostas por Corrêa (2000), as quais podem contribuir em nossa análise sobre a relação entre raça e racismo na constituição da antropologia brasileira, é que as dimensões sócio-históricas das práticas da disciplina não escapam ao imaginário social do pensamento da época e, portanto, às perspectivas que atravessam o fazer antropológico. Em texto que abre a segunda edição da coletânea *Raças: novas perspectivas antropológicas*, de Osmundo Araújo Pinho e Lívio Sansone, publicada em 2008, Pinho, docente da Universidade Federal da Bahia (UFBA), traça um breve panorama da presença do termo *raça* na constituição do campo antropológico brasileiro.

> Tendo-se em mente, ademais, a relativa densidade do interesse acadêmico internacional, que tem feito do Brasil palco para inquéritos acadêmicos e pesquisas etnográficas sobre o tema, em conjunção fundamental com a própria tradição "nacional" de Estudos sobre o Negro, veremos que a problemática das relações raciais não representa um capítulo residual, ou um adorno inconstante no campo acadêmico das ciências sociais no Brasil, e notadamente da Antropologia Social. Inversamente, é um aspecto crucial, tanto do ponto de vista do interesse público – e penso aqui nos termos do que Antonio Arantes tem difundido como uma antropologia pública – quanto do ponto de vista dos desenvolvimentos internos da antropologia, no rumo de seu progresso teórico e do admirável esforço empírico que já tem cumprido, graças, dentre outros

fatores à profissionalização das ciências sociais. (Pinho; Sansone, 2008, p. 10)

Nessa obra, o texto "A antropologia no espelho da raça" traz reflexões e faz um balanço das trajetórias dos estudos da temática – assim como propomos neste capítulo – desde a formação do pensamento social brasileiro e sua inerente articulação à formação da disciplina nos espaços científicos até as transformações e as análises contemporâneas, guiadas por uma produção etnográfica em crescimento. No tocante a isso, devemos sublinhar a existência e a importância de núcleos de estudos voltados à temática negra, localizados em universidades como a UFBA, entre outras. A própria produção do livro de Pinho e Sansone, encomendada pela Comissão de Relações Étnicas e Raciais (Crer) da Associação Brasileira de Antropologia (ABA), diz da emergência do tema.

As diferentes leituras acerca da presença negra e indígena no Brasil, desde as "escolas" pernambucana e baiana de estudos sobre o negro até as análises desenvolvidas na década de 1930 na Bahia, só desembocam em perspectivas analíticas mais reflexivas sobre as desigualdades a que essas populações foram submetidas na década de 1960 com o trabalho de Florestan Fernandes. Uma das questões no desenvolvimento da perspectiva antropológica sobre raça e negro na formação do Brasil é a centralidade da diferença da cultura do negro em relação a outros grupos.

> Uns produzem leituras sobre os Outros, os Outros (racializados) leem a si mesmos e a seus intérpretes no espelho multirrefratado

> da raça. Tudo se passa, entretanto, como se a constituição da "diferença" negra, como diferença cultural, não estivesse implicada na localização dos sujeitos sociais negros concretos num espaço de lutas e de desigualdade. Como se a cultura fosse essa entidade etérea. (Pinho; Sansone, 2008, p. 12)

Conforme Pinho (2008), é como se a cultura fosse algo etéreo e descolado da prática de sujeitos reais e pudesse ser arrolada como um conjunto de itens e objetos passíveis de serem analisados para além de seus contextos. "No que se refere à dualidade [...] entre a sociologia da desigualdade racial e a etnografia da cultura negra, poderíamos mesmo dizer que é fora da antropologia que se ensaia com maior vigor reconciliação" (Pinho, 2008, p. 12). Aponta-se os estudos das religiões de matrizes afro-brasileiras como um campo profícuo e mais consistente no que tange à compreensão das cosmologias e das lógicas de organização social dessa parcela da população ao longo dos três séculos de escravização de grupos africanos no Brasil.

Análises sobre desigualdade social, juventude negra, consumo, educação e mercado de trabalho também seguem, pelo viés da interdisciplinaridade e interseccionalidade, pensando o lugar desses grupos na sociedade brasileira contemporânea. Em especial, o consumo e a produção cultural da juventude negra e periférica – com forte expressão na música – ganham espaço na mídia, brasileira e internacional, mesclando contextos de violência e genocídio (Gomes; Laborne, 2018) com uma produção artística que estabelece circuitos próprios de difusão, conquistando mercado e cenário *mainstream*. "Por outro lado, o consumo de informação midiatizada da cultura negra global opera em contextos locais como um dispositivo de identificação dos jovens pobres e como uma máquina de des-interpretação do Brasil" (Pinho, 2008, p. 14). É essa torção produzida pelas periferias negras que os cânones tradicionais da disciplina acabam não alcançando, o que produz novas demandas de análise teórica, dispostas a pensar de uma nova forma o material já produzido sobre as expressões negras nas artes, denominadas, de maneira mais larga, *cultura brasileira* e *identidade nacional*.

É nesse contexto que os exercícios de observar o passado para olhar de modo mais atento o presente e o futuro se faz necessário. "Enquanto que, ironicamente, as elites intelectuais clamam pela autenticidade da cultura popular, os jovens pobres e 'de cor' das periferias transnacionalizam-se alegremente funkificando a cultura popular do Brasil" (Yúdice, 1997, citado por Pinho, 2008, p. 14). Portanto, pensamos ser pertinente voltar aos estudos de folclore e cultura popular – de presença marcante na formação do pensamento social brasileiro por meio de autores como o próprio Edson Carneiro, Silvio Romero (1851-1914), Mário de Andrade (1893-1945) e outros – na elaboração da figura do negro no Brasil e de todo o seu arcabouço de expressões artísticas e culturais trazidas da África. Isso não deve ser feito apenas para a população afro-brasileira, mas também para a indígena, com sua inserção nas figuras retóricas da identidade nacional desde as décadas de 1930 e 1940 até períodos mais atuais, marcados pelo diálogo com o universo da comunicação digital.

[6.3]
Cultura popular, nação e raça

A construção de um projeto de nação – conforme apontam diferentes estudos de disciplinas como História, Sociologia e a própria Antropologia (Ortiz, 2005) – tem como premissa a seleção de determinados aspectos da "cultura" de um "povo". A realização desses recortes em perspectivas que permeiam noções de identidade e patrimônio pode revelar quais os modos dessa construção bem como os discursos (marcados pelo tempo) que traçaram idealizações nos modos de pensar, sentir e ser de indivíduos dessas nações. Refletir sobre identidades, cultura popular e patrimônio, portanto, passa também por pensar os discursos e as ações que contribuíram na construção desses ideais de nação e dessas questões em suas dimensões regionais.

Central nas elaborações sobre essa construção identitária do povo brasileiro, as populações negra e indígena, tomadas à exaustão como inferiores por diferentes perspectivas teóricas, ganham novos contornos com as elaborações de folcloristas e estudiosos da cultura popular, muitos destes antropólogos. Correspondem a análises que, como pontuaram Pinho e Sansone (2008), colocam esses povos apenas em uma perspectiva da etnografia da cultura, descolada de uma sociologia da desigualdade racial. Foram traduzidas, como sublinhou Skidmore (2012), ideias europeias de nação e raça que se operacionalizaram no contexto brasileiro de forma *sui generis*. Há, então, um estreitamento entre as categorias de *raça* e *cultura popular*. "Por isso, os intelectuais que passaram a se interessar pelo estudo da **cultura popular** no Brasil coincidem com aqueles que se propuseram a traduzir teorias raciais para a realidade brasileira" (Csermak, 2013, p. 49, grifo do original).

Diferentemente das discussões sobre cultura popular na Europa, que tratava seu povo como um outro interno, no Brasil não é possível descolarmos o debate das noções de raça. Na etnografia "Pro povo é festa, pra gente é outra coisa: cultura popular, raça e políticas públicas na comunidade negra dos Arturos", Csermak (2013) apresenta algumas análises sobre as categorias que orientaram seu estudo, oferecendo um panorama das teorias e dos intelectuais que construíram os campos que perpassam expressões artísticas negras e populares, como os Congados, que pesquisa. O antropólogo se depara com uma certa ausência de um aprofundamento analítico maior acerca do entrelaçamento dessas categorias em campos de estudo que têm como temática central a cultura popular brasileira, apesar de pesquisadores como Carvalho (2005, 2007) e Brandão (1977, 1993) terem trazido essas interações à tona em alguns de seus trabalhos.

> Ao confrontar raça e nação, deparamo-nos com linhas divisórias que definem tanto conflitos como hierarquias. O que aqui pretendemos é salientar os elementos que especificam os desenvolvimentos recentes, entre os quais se destacam a crise de legitimidade do estado nacional, a qual promove, ou é promovida por novos tipos, novas expressões e mesmo uma nova intensidade de conflitos, por fluxos de mobilidade transfronteiriça (refugiados e migrantes) e por novas formas de xenofobia. (Nascimento; Thomaz, 2008, p. 195)

Do racismo científico, já pontuado nas seções anteriores deste capítulo, às tentativas de se elaborar uma miscigenação – biológica, mas também cultural – até a aproximação das teorias de formação do povo brasileiro com o Estado, vários são os caminhos tomados para pensarmos negros e indígenas na criação de uma nação. São caminhos que ora excluem, ora incluem, conforme os interesses dados por políticas públicas e de governo, e que também, de certa maneira incontrolável, como apontam Pinho e Sansone (2008), se relacionam com resiliência e jogo de cintura em um Estado que segue dúbio em relação à existência desses grupos, a exemplo dos processos de patrimonialização de expressões culturais negras e indígenas (como a dança do caboclinho, o maracatu e a própria capoeira) e das estatísticas que, ano após ano, denunciam o genocídio dessas populações. Nessa complexidade e contradição, temos o desenvolvimento de uma antropologia que, como tal, também se pensa como brasileira.

Síntese

A proposta deste capítulo foi articular conceitos-base da antropologia apresentados ao longo do texto e tecer um fechamento para as discussões – teóricas e etnográficas – da presente obra.

Marcadas pelos encontros, de perspectiva etnocêntrica, dos processos violentos de colonização pelos quais passaram nações como o Brasil, as ideias de raça, como pudemos ver, atravessam também a antropologia e suas teorias. Articuladas a essas discussões, buscamos aprofundar as implicações que as teorias acerca da identidade nacional tiveram no desenvolvimento da antropologia brasileira. Ideias como mestiçagem e cultura popular foram, dessa maneira, postas em debate, em produções teóricas importantes, como as de Kabengele Munanga, Osmundo Pinho, Lívio Sansone e Sueli Carneiro.

Indicações culturais

A NEGAÇÃO do Brasil: o negro na telenovela brasileira. Direção: Joel Zito Araújo. Brasil, 2000. 92 min. Documentário.

Documentário baseado no livro do pesquisador Joel Zito Araújo que discute como a mídia atua na produção de parte da identidade nacional, apresentando práticas sociais de classe e reproduzindo discriminações e preconceitos sobre a população negra.

BEM-VINDO a Marly-Gomont. Direção: Julien Rambaldi. França, 2016. 94 min.

Fugindo do Congo, um médico e sua família se mudam para o interior da França, onde se desenrola o enredo marcado pelo choque cultural e o racismo.

D'SALETE, M. **Angola Janga**: uma história de Palmares. São Paulo: Veneta, 2017.

Essa obra constrói graficamente uma história de Palmares alicerçada em pesquisa de fontes históricas. É uma história coletiva com protagonistas negros que apresenta a complexidade das vidas de Palmares.

JESUS, C. M. de. **Quarto de despejo**: diário de uma favelada. São Paulo: Ática, 2001.

Mulher, negra e moradora da antiga favela do Canindé, na zona norte de São Paulo, Carolina Maria de Jesus trabalhava como catadora e registrava seu cotidiano em páginas amareladas encontradas no lixo. Seu trabalho como escritora foi reconhecido mundialmente.

NASCIMENTO, É. P. do. **Vozes marginais na literatura**. Rio de Janeiro: Aeroplano, 2009.

Essa obra mapeia a produção cultural de intelectuais e ativistas periféricos nas periferias paulistanas. É imprescindível para a compreensão da história cultural e política contemporâneas.

Atividades de autoavaliação

1] "O conteúdo da raça é morfobiológico e o da etnia é sócio-cultural, histórico e psicológico". Essa é uma definição de:
   a) Claude Lévi-Strauss.
   b) Edmund Leach.
   c) Edison Carneiro.
   d) Kabengele Munanga.
   e) Ângela Davis.

2] De que modo as ideias de raça, mestiçagem e racismo refletem-se no contexto contemporâneo? Sobre essa questão, marque a alternativa que apresenta o exemplo **incorreto**:
   a) A divulgação turística do Brasil o aborda como uma nação harmoniosa, alegre e afeita às festas.
   b) As chances de um jovem negro ser assassinado no país é três vezes maior que as de um jovem branco.
   c) Atos racistas foram considerados crimes no país por meio Lei n. 7.716, assinada em 5 de janeiro de 1989.
   d) No Brasil existe uma democracia racial.
   e) Em 2018, a taxa de suicídios entre indígenas era três vezes superior à média do país.

3] No Brasil, as discussões a respeito das culturas populares não podem ser descoladas dos debates sobre as noções de raça. Assinale a alternativa que melhor descreve essa relação:
a) Expressões artísticas populares realizadas por comunidades negras, como o maracatu pernambucano, são consideradas hoje patrimônio da cultura brasileira.
b) Teorias eugenistas estimularam a imigração de populações europeias para o Brasil, as quais passaram a compor a identidade nacional.
c) No Brasil, a chamada *cultura erudita* trata de referências negras e indígenas.
d) Mário de Andrade, apesar de discutir questões afeitas à configuração da cultura brasileira, não tomava em perspectiva as ideias de raça.
e) Apenas a etnografia da cultura, sem levar em conta a desigualdade racial, é suficiente para a compreensão das culturas populares no Brasil.

4] As primeiras produções científicas nacionais sobre raça tiveram como expoentes nomes como Edison Carneiro (na Bahia) e Gilberto Freyre (em Pernambuco), que tiveram grandes conflitos em relação à(ao):
a) influência da cultura europeia na construção nacional.
b) necessidade de embranquecimento de nossas referências culturais.
c) valorização da presença africana na formação da cultura brasileira.

d) questão dos povos indígenas e sua centralidade nos estudos de folclore.

e) mito da democracia racial.

5] *Raça e história*, texto que marca os debates sobre a temática no campo antropológico, foi publicado na década de:
a) 1960.
b) 1940.
c) 1980.
d) 1950.
e) 1910.

Atividades de aprendizagem

Questões para reflexão

1] Pesquise na internet o *Atlas da violência*, de 2017, um levantamento realizado pelo Instituto de Pesquisa Econômica Aplicada (Ipea) e o Fórum Brasileiro de Segurança Pública, com base nos dados do Sistema de Informações sobre Mortalidade do Ministério da Saúde (SIM/MS). Elabore um pequeno quadro comparativo com ao menos dois dados apresentados no atlas que reflitam o contexto de discriminação exposto nas teorias racistas.

2] Sintetize a formação do conceito de *raça* na construção do pensamento antropológico apresentado no primeiro tópico deste capítulo.

Atividade aplicada: prática

1] Elabore um plano de aula que aborde a temática da discriminação e do racismo no Brasil contemporâneo. Esse plano deve contemplar as formas e os contextos que possibilitem as discussões no ambiente escolar do ensino médio.

Considerações finais
[...]

Propor reflexões acerca da antropologia contemporânea em uma obra introdutória como esta pressupõe, primeiramente, que deixemos nítida a impossibilidade de encerrar todos os debates – teóricos e de práxis – já apresentados ao longo da existência da disciplina. Se considerarmos essa questão como ponto de partida, poderemos definir este livro como uma produção de caráter ensaístico, pois as escolhas de teorias e métodos perpassam as trajetórias das autoras, o que, por sua vez, orienta a organização de suas temáticas. Da apresentação do primeiro capítulo, que trata do surgimento da antropologia, ao último, com foco nas discussões sobre raça e identidade nacional, são abordados temas e perspectivas clássicas.

O objetivo do conteúdo apresentado passa por compreender, inicialmente, as fases da disciplina até seu reconhecimento como ciência e os efeitos disso em seu desenvolvimento ao longo do tempo. Deslindamos os principais cânones e autores, para que haja o entendimento de que as teorias, em especial nas ciências humanas, não se sobrepõem umas às outras, mas são revistas e postas em diálogo, por isso a importância da referência e da leitura de clássicos. Essa é uma demanda que se reforça quando falamos de etnografias e do aprendizado da escrita e do trabalho de campo em seu exercício científico. Isso posto, podemos dizer que a produção antropológica, assim como outras, é também fruto de seu tempo e seus contextos sociológicos – como apresentado no segundo e terceiro capítulos.

Afinal, para desconstruirmos algumas ideias que são questionáveis – como o mito da democracia racial freiriano –, é necessário que façamos isso com propriedade e elaboração de críticas que permitam a discussão dessas teorias com o rigor adequado. Do mesmo modo, para compreendermos a disciplina feita em nosso chão, precisamos entender como se deu nossa formação e a influência das escolas que se desenvolveram em contextos mundiais. Se a antropologia brasileira foi delineada pela presença e pelo trabalho de antropólogos como Claude Lévi-Strauss, também a antropologia britânica teve seu espaço entre nossas instituições de formação.

Ao percorrer os capítulos deste livro, você se deparou com conceitos centrais, como *alteridade* e *diversidade*, essenciais para debates da atualidade, além de outros como *política, gênero* e *raça*, presentes em diferentes grupos. A partir do quarto capítulo, tratamos as temáticas com base em eixos etnográficos mais específicos, que apresentaram como se opera a análise antropológica. Assim, compreender os modos de funcionamento da atuação política brasileira – personalista no que tange ao voto – passa por entender detalhes de práticas como festas, comícios, marchas e outras formas de articulação. É nessa esteira também que se seguem discussões como a interseccionalidade (articulada entre raça, gênero e classe), que se faz premente em análises atuais.

Por fim, independentemente do contexto sócio-histórico, o pesquisador em antropologia (ou em outras áreas das ciências humanas) há que prestar a devida atenção ao que estrutura a sociedade, nossos grupos e nossas dinâmicas. Desse modo, este livro trata a disciplina em sua perspectiva contemporânea e teve o intuito de iniciar você, leitor, na aventura antropológica – como cunhou, em tom poético, Ruth Cardoso. Não se apresenta como um manual ou compêndio teórico, mas sim como um convite à reflexão, ao olhar e à escuta desse campo científico.

Referências

[...]

AKOTIRENE, C. **O que é interseccionalidade?** Belo Horizonte: Letramento, 2018. (Série Feminismos Plurais).

ARAÚJO, R. B. de. Uma ideia de raça sem racismo. **Folha de S.Paulo**, 19 nov. 1995. +mais!. Entrevista. Disponível em: <https://www1.folha.uol.com.br/fsp/1995/11/19/mais!/16.html>. Acesso em: 15 jul. 2020.

ARBEX JR., J. **Showrnalismo**: a notícia como espetáculo. 2. ed. São Paulo: Casa Amarela. 2001.

ARHEM, K. Ecosofia Makuna. In: CORREA, F. **La selva humanizada**. Bogota: Scan/Fen/Cerec, 1993. p. 109-126.

AUGÉ, M. O próximo e o distante. In: AUGÉ, M. **Não lugares**: introdução a uma antropologia da supermodernidade. Tradução de Maria Lúcia Pereira. São Paulo: Papirus, 1994. p. 13-42.

BEAUVOIR, S. de. **O segundo sexo**. Tradução de Sérgio Milliet. Rio de Janeiro: Nova Fronteira, 1980.

BEAUVOIR, S. de. **O segundo sexo**. Tradução de Sérgio Milliet. 2. ed. Rio de Janeiro: Nova Fronteira, 2009. v. 1 e 2.

BOAS, F. **A formação da antropologia americana, 1883-1911**. Organização e introdução de George W. Stocking Junior. Tradução de Rosaura Maria Cirne Lime Eichenberg. Rio de Janeiro: Contraponto/Ed. da UFRJ, 2004.

BORGES, A. M. Tanto azul, quanto vermelho: sentidos e apropriações de um evento político no Distrito Federal. HEREDIA, B. M. A. de; TEIXEIRA, C. C.; BARREIRA, I. A. F. (Org.). **Como se fazem eleições no Brasil**. Rio de Janeiro: Relume Dumará, 2002.

BOURDIEU, P. **A dominação masculina**. Tradução de Maria Helena Kühner. 2. ed. Rio de Janeiro: Bertrand Brasil, 2002.

BOURDIEU, P. A juventude é apenas uma palavra. In: BOURDIEU, P. **Questões de sociologia**. Rio de Janeiro: Marco Zero, 1983. p. 112-121.

BUTLER, J. **Problemas de gênero**: feminismo e subversão da identidade. Tradução de Renato Aguiar. Rio de Janeiro: Civilização Brasileira, 2003.

CALDEIRA, T. P. do R. A presença do autor e a pós-modernidade em antropologia. **Novos Estudos Cebrap**, n. 21, p. 133-157, jul. 1988. Disponível em: <http://novosestudos.uol.com.br/produto/edicao-21/>. Acesso em: 5 jul. 2020.

CANDIDO, A. Literatura e cultura de 1900 a 1945. In: CANDIDO, A. **Literatura e sociedade**: estudos de teoria e história literária. São Paulo: T. A. Queiroz, 1998. p. 109-138.

CARDOSO, R. C. L. **A aventura antropológica**: teoria e pesquisa. Rio de Janeiro: Paz e Terra, 1986.

CARMICHAEL, S.; HAMILTON, C. V. **Black Power**: the Politics of Liberation in America. New York: Vintage, 1967.

CHAVES, C. de A. **A marcha nacional dos sem-terra**: um estudo sobre a fabricação do social. Rio de Janeiro: Relume Dumará; NuAP, 2000.

CHAVES, C. de A. **Festas da política**: uma etnografia da modernidade no sertão (Buritis/MG). Rio de Janeiro: Relume Dumará; NuAP, 2003.

CLASTRES, P. **Arqueologia da violência**: pesquisas de antropologia política. Tradução de Paulo Neves. São Paulo: Cosac Naify, [1980] 2004a.

CLASTRES, P. **A sociedade contra o Estado**: pesquisas de antropologia política. Tradução de Theo Santiago. São Paulo: Cosac Naify, [1974] 2004b.

CLIFFORD, J. Sobre a autoridade etnográfica. In: CLIFFORD, J. **A experiência etnográfica**: antropologia e literatura no século XX. Tradução de Patrícia Farias. Rio de Janeiro: Ed. da UFRJ, 1998. p. 17-62.

COLAÇO, T. L. **"Incapacidade" indígena**: tutela religiosa e violação do direito Guarani nas missões jesuíticas. Curitiba: Juruá, 2000.

CORRAL, M. D. O livro tem futuro? A cultura do livro na era da globalização. **Revista Tempo Brasileiro**, Rio de Janeiro, n. 142, p. 125-134, jul./set. 2000.

CORRÊA, M. O mistério dos orixás e das bonecas: raça e gênero na antropologia brasileira. **Etnográfica**, v. 4, n. 2, p. 233-265, 2000. Disponível em: <https://edisciplinas.usp.br/pluginfile.php/4242123/mod_resource/content/1/Corr%C3%AAa%2C%20Mariza-O-misterio-dos-orixas.pdf>. Acesso em: 7 jul. 2020.

CRENSHAW, K. W. A interseccionalidade na discriminação de raça e gênero. **Cruzamento: Raça e Gênero**, Brasília, Unifem, p. 7-16, 2004. Disponível em: <http://www.acaoeducativa.org.br/fdh/wp-content/uploads/2012/09/Kimberle-Crenshaw.pdf>. Acesso em: 7 fev. 2020.

CSERMAK, C. **Pro povo é festa, pra gente é outra coisa:** cultura popular, raça e políticas públicas na comunidade negra dos Arturos. 193 f. Dissertação (Mestrado em Antropologia Social) – Universidade de Brasília, Brasília, 2013. Disponível em: <https://repositorio.unb.br/bitstream/10482/14967/1/2013_CaioCsermak.pdf>. Acesso em: 7 jul. 2020.

DAMATTA, R. **A casa & a rua:** espaço, cidadania, mulher e morte no Brasil. 4. ed. Rio de Janeiro: Guanabara Koogan, 1985.

DESCOLA, P. Estrutura ou sentimento: a relação com o animal na Amazônia. **Mana**, São Paulo, v. 4, n. 1, p. 23-45, 1998. Disponível em: <https://www.scielo.br/pdf/mana/v4n1/2425.pdf>. Acesso em: 6 jul. 2020.

ECKERT, C. Cidade e política: nas trilhas de uma antropologia da e na cidade no Brasil. In: MARTINS, C. B.; DUARTE, L. F. D. (Coord.). **Antropologia**. São Paulo: Anpocs/Barcarolla/Discurso Editorial/ICH, 2010. (Coleção Horizontes das Ciências Sociais no Brasil). p. 155-196.

EVANS-PRITCHARD, E. E. **Bruxaria, oráculos e magia entre os Azande**. Tradução de Eduardo Viveiros de Castro. Rio de Janeiro: J. Zahar, 2005.

EVANS-PRITCHARD, E. E. **Os nuer:** uma descrição do modo de subsistência e das instituições políticas de um povo nilota. Tradução de Ana M. Goldberger Coelho. São Paulo: Perspectiva, 1978.

FAUSTO, C. **Inimigos fiéis:** história, guerra e xamanismo na Amazônia. São Paulo: Edusp, 2001.

FERREIRA, L. da C. (Org.). **A sociologia no horizonte do século XXI**. São Paulo: Boitempo, 2002.

FORTES, M.; EVANS-PRITCHARD, E. E. (Org.). **African Political Systems**. Londres: Oxford University Press, [1940] 1961.

FOUCAULT, M. **Vigiar e punir**: nascimento da prisão. Tradução de Raquel Ramalhete. Petrópolis: Vozes, 1987.

FRAZER, J. G. **O ramo de ouro**. Rio de Janeiro: Guanabara, 1982.

FREITAG, B.; MOTTA, V. R.; COSTA, W. F. da. O livro didático em seu contexto. In: FREITAG, B. et al. **O livro didático em questão**. 3. ed. São Paulo: Cortez, 1997. p. 127-143.

FREITAG, B.; MOTTA, V. R.; COSTA, W. F. da. O uso do livro didático. In: FREITAG, B. et al. **O livro didático em questão**. 3. ed. São Paulo: Cortez, 1997. p. 105-126.

FREYRE, G. **Casa-grande & senzala**. Rio de Janeiro: Record, 1994.

FREYRE, G. **Casa-grande & senzala**. 52. ed. (Edição comemorativa – 80 anos). Rio de Janeiro: Global, 2013.

GALVÃO, E. E. **Encontro de sociedades**: índios e brancos no Brasil. Rio de Janeiro: Paz e Terra, 1979.

GEERTZ, C. **A interpretação das culturas**. Rio de Janeiro: LTC, 2008.

GEERTZ, C. Exibição de slides: as transparências africanas de Evans-Pritchard. In: GEERTZ, C. **Obras e vidas**: o antropólogo como autor. Rio de Janeiro: Ed. da UFRJ, 2002a. p. 71-98.

GEERTZ, C. **O saber local**: novos ensaios em antropologia interpretativa. Tradução de Vera Mello Joscelyne. Petrópolis: Vozes, 1997.

GEERTZ, C. Testemunha ocular: os filhos de Malinowski. In: GEERTZ, C. **Obras e vidas:** o antropólogo como autor. Rio de Janeiro: Ed. da UFRJ, 2002b. p. 99-133.

GEERTZ, C. Uma descrição densa: por uma teoria interpretativa da cultura. In: GEERTZ, C. **A interpretação das culturas.** Tradução de Fanny Wrobel. Rio de Janeiro: Zahar, 1978. p. 13-41.

GELEDÉS – Instituto da Mulher Negra; CFEMEA – Centro Feminista de Estudos e Assessoria. **Guia de enfrentamento do racismo institucional.** 2013. Disponível em: <https://www.geledes.org.br/wp-content/uploads/2013/05/FINAL-WEB-Guia-de-enfrentamento-ao-racismo-institucional.pdf>. Acesso em: 19 maio 2020.

GOLDMAN, M. **Alguma antropologia.** Rio de Janeiro: Relume Dumará, 1999.

GOLDMAN, M. Antropologia contemporânea, sociedades complexas e outras questões. In: GOLDMAN, M. **Alguma antropologia.** Rio de Janeiro: Relume Dumará, 1999. p. 93-122.

GOLDMAN, M.; LIMA, T. S. Como se faz um grande divisor? In: GOLDMAN, M. **Alguma antropologia.** Rio de Janeiro: Relume Dumará, 1999. p. 83-92.

GOLDMAN, M.; SANT'ANNA, R. Elementos para uma análise antropológica do voto. In: PALMEIRA, M.; GOLDMAN, M. (Org.). **Antropologia, voto e representação política.** Rio de Janeiro: Contra Capa Livraria, 1996. p. 13-40.

GOMES, C. A. **A educação em perspectiva sociológica.** 2. ed. São Paulo: EPU, 1989.

GOMES, N. L.; LABORNE, A. A. de P. Pedagogia da crueldade: racismo e extermínio da juventude negra. **Educação em Revista**, Belo horizonte, v. 34, p. 1-26, nov. 2018. Disponível em: <https://www.scielo.br/pdf/edur/v34/1982-6621-edur-34-e197406.pdf>. Acesso em: 6 jul. 2020.

GROSSI, M. P. **Identidade de gênero e sexualidade**. 2012. Disponível em: <https://miriamgrossi.paginas.ufsc.br/files/2012/03/grossi_miriam_identidade_de_genero_e_sexualidade.pdf>. Acesso em: 7 fev. 2020.

HOLANDA, S. B. de. **Raízes do Brasil**. 26. ed. São Paulo: Companhia das Letras, 1995.

HOLANDA, S. B. de. **Raízes do Brasil**. Edição crítica – 80 anos. São Paulo: Companhia das Letras, 2016.

INSTITUTO ETHOS. **O compromisso das empresas com os direitos humanos LGBT**: orientações para o mundo empresarial em ações voltadas a lésbicas, gays, bissexuais, travestis e transexuais. 2013. Disponível em: <https://www.ethos.org.br/wp-content/uploads/2013/12/Manual-lGBT_Dez_2013.pdf>. Acesso em: 7 fev. 2020.

KUPER, A. **Antropólogos e antropologia**. Tradução de Álvares Cabral. Rio de Janeiro: F. Alves, 1978a.

KUPER, A. As décadas de 30 e 40: da função à estrutura. In: KUPER, A. **Antropólogos e antropologia**. Tradução de Álvares Cabral. Rio de Janeiro: F. Alves, 1978b. p. 87-120.

KUPER, A. Radcliffe-Brown. In: KUPER, A. **Antropólogos e antropologia**. Tradução de Álvares Cabral. Rio de Janeiro: F. Alves, 1978c. p. 51-86.

KUSCHNIR, K. Antropologia e política. In: **Revista Brasileira de Ciências Sociais**, São Paulo, v. 22, n. 64, jun. 2007. Disponível em: <https://www.scielo.br/pdf/rbcsoc/v22n64/a14v2264.pdf>. Acesso em: 6 jul. 2020.

KUSCHNIR, K. **Eleições e representação no Rio de Janeiro**. Rio de Janeiro: Relume Dumará; NuAP, 2000. (Coleção Antropologia Política; 8).

LAGUARDIA, J. Raça, genética & hipertensão: nova genética ou velha eugenia? **História, Ciências, Saúde – Manguinhos**, Rio de Janeiro, v. 12, n. 2, p. 371-393, maio/ ago. 2005. Disponível em: <https://www.scielo.br/pdf/hcsm/v12n2/07.pdf>. Acesso em: 6 jul. 2020.

LEACH, E. R. **Sistemas políticos da Alta Birmânia**. São Paulo: Edusp, 1995.

LEACH, E. R. **Sistemas políticos da Alta Birmânia**. Tradução de Geraldo Gerson de Souza, Antônio de Pádua Danesi e Gilson César Cardoso de Souza. São Paulo: Edusp, 2014. (Clássicos, 6).

LÉVI-STRAUSS, C. Raça e história. In: LÉVI-STRAUSS, C. **Antropologia estrutural dois**. Tradução de Maria do Carmo Pandolfo. Rio de Janeiro: Tempo Brasileiro, 1976. p. 328-366.

LOURO, G. L. Pedagogias da sexualidade. In: LOURO, G. L. (Org.). **O corpo educado**: pedagogias da sexualidade. 2. ed. Belo Horizonte: Autêntica, 2000. Digitalizado. p. 7-34.

MACEDO, C. C. **Tempo de gênesis**: o povo das comunidades eclesiais de base. São Paulo: Brasiliense, 1986.

MAGNANI, J. G. C. De perto e de dentro: notas para uma etnografia urbana. **Revista Brasileira de Ciências Sociais**, São Paulo, v. 17, n. 49, p. 11-29, jun. 2002. Disponível em: <https://www.scielo.br/pdf/rbcsoc/v17n49/a02v1749.pdf>. Acesso em: 5 jul. 2020.

MAIO, M. C.; LOPES, T. da C. Da escola de Chicago ao nacional-desenvolvimentismo: saúde e nação no pensamento de Alberto Guerreiro Ramos (1940-1950). **Sociologias**, ano 14, n. 30, p. 290-329, maio/ago. 2012.

MAIO, M. C.; SANTOS, R. V. (Org.). **Raça como questão**: história, ciência e identidades no Brasil. Rio de Janeiro: Fiocruz, 2010.

MAUSS, M. Ensaio sobre a dádiva. In: MAUSS, M. **Sociologia e antropologia**. São Paulo: Cosac & Naify, 2003.

MEGGERS, B. J. **Amazônia**: ilusão de um paraíso. São Paulo: Itatiaia/Edusp, 1987.

MORGAN, L. H. A sociedade antiga. In: CASTRO, C. (Org.). **Evolucionismo cultural**: textos de Morgan, Tylor e Frazer. Tradução de Maria Lúcia de Oliveira. 2. ed. Rio de Janeiro: J. Zahar, 2009. p. 41-66.

MUNANGA, K. **Rediscutindo a mestiçagem no Brasil**: identidade nacional *versus* identidade negra. 3. ed. Belo Horizonte: Autêntica, 2008.

MUNANGA, K. Uma abordagem conceitual das noções de raça, racismo, identidade e etnia. In: SEMINÁRIO NACIONAL RELAÇÕES RACIAIS E EDUCAÇÃO, 3., 2003, Rio de Janeiro. Palestra. Disponível em: <https://www.geledes.org.br/wp-content/uploads/2014/04/Uma-abordagem-conceitual-das-nocoes-de-raca-racismo-dentidade-e-etnia.pdf>. Acesso em: 19 maio 2020.

NASCIMENTO, S.; THOMAZ, O. Raça e nação. In: PINHO, O. A.; SANSONE, L. (Org.). **Raça:** novas perspectivas antropológicas. 2. ed. Salvador: ABA; EDUFBA, 2008. p. 193-236.

NUAP – Núcleo de Antropologia da Política. **Uma antropologia da política:** rituais, representações e violência – projeto de pesquisa. Rio de Janeiro: NuAP, 1998. (Cadernos do NuAP, 1). Disponível em: <http://www.marizapeirano.com.br/artigos/1998_uma_antropologia_da_politica.pdf>. Acesso em: 2 jun. 2020.

OLIVEIRA, J. P. de. Uma etnologia dos "índios misturados"? Situação colonial, territorialização e fluxos culturais. **Mana** v. 4, n. 1, p. 47-77, abr. 1998. Disponível em: <https://www.scielo.br/pdf/mana/v4n1/2426.pdf>. Acesso em: 6 jul. 2020.

OLIVEIRA, R. C. de. **A categoria de (des)ordem e a pós-modernidade na antropologia**. Brasília: Ed. da UnB: 1986. p. 57-73. (Anuário Antropológico). Disponível em: <http://www.dan.unb.br/images/pdf/anuario_antropologico/Separatas1986/anuario86_robertocardoso.pdf>. Acesso em: 6 jul. 2020.

OLIVEIRA, R. C. de. **O índio e o mundo dos brancos**. 4. ed. Campinas: Ed. da Unicamp, 1996.

ORTIZ, R. **Um outro território:** ensaios sobre a mundialização. São Paulo: Olho d'Água, 2005.

ORTNER, S. B. Is Female to Male as Nature is to Culture? In: ROSALDO, M. Z.; LAMPHERE, L. (Ed.). **Women, Culture and Society**. Stanford: Stanford University Press, 1974. p. 68-87.

PALMEIRA, M.; GOLDMAN, M. (Org.). **Antropologia, voto e representação política**. Rio de Janeiro: Contra Capa Livraria, 1996.

PEIRANO, M. **A favor da etnografia**. Rio de Janeiro: Relume Dumará, 1995.

PEIRANO, M. (Org.). **O dito e o feito**: ensaios de antropologia dos rituais. Rio de Janeiro: Relume Dumará; NuAP, 2002.

PEREIRA, C. F. Movimento LGBT e partidos políticos: construindo uma agenda de pesquisa. **Cadernos de Gênero e Diversidade**, v. 3, n. 4, p. 121-132, out./dez. 2017. Disponível em: <https://portalseer.ufba.br/index.php/cadgendiv/article/view/23799/15432>. Acesso em: 7 fev. 2020.

PIEDADE, A. T. C. **Sobre o poder do rito**. Florianópolis: PPGAS/UFSC, 1999. Não publicado.

PINHO, O. A. A antropologia no espelho da raça. In: PINHO, O. A.; SANSONE, L. (Org.). **Raça**: novas perspectivas antropológicas. 2. ed. Salvador: EDUFBA, 2008. p. 9-23.

PINHO, O. A.; SANSONE, L. (Org.). **Raça**: novas perspectivas antropológicas. 2. ed. Salvador: EDUFBA, 2008.

PRADO JÚNIOR, C. **Formação do Brasil contemporâneo**. 12. ed. São Paulo: Brasiliense, 1972.

PRADO JÚNIOR, C. **Formação do Brasil contemporâneo**. 14. ed. São Paulo: Brasiliense, 1976.

RABINOW, P. Representações são fatos sociais: modernidade e pós-modernidade na antropologia. In: BIEHL, J. G. (Org.). **Antropologia da razão**: ensaios de paul Rabinow. Rio de Janeiro: Relume Dumará, 2002. p. 71-107.

RADCLIFFE-BROWN. A. R. **Estrutura e função nas sociedades primitivas**. Lisboa: Edições 70, 1989.

RIBEIRO, D. **Os índios e a civilização**. Rio de Janeiro: Civilização Brasileira, 1970.

RIOS, R. R.; SILVA, R. da. Discriminação múltipla e discriminação interseccional: aportes do feminismo negro e do direito da antidiscriminação. **Revista Brasileira de Ciência Política**, Brasília, n. 16, p. 11-37, jan./abr. 2015. Disponível em: <https://www.scielo.br/pdf/rbcpol/n16/0103-3352-rbcpol-16-00011.pdf>. Acesso em: 6 jul. 2020.

ROCHA, E. P. G. **O que é etnocentrismo?** 5. ed. São Paulo: Brasiliense, 1988.

RODRIGUES, B. Diversidade sexual, gênero e inclusão escolar. **Revista Brasileira de Educação Básica**, Belo Horizonte, v. 2, n. 6, p. 1-8, nov./dez. 2017. Disponível em: <https://pensaraeducacao.com.br/rbeducaobasica/wp-content/uploads/sites/5/2019/07/03-DIVERSIDADE-SEXUAL-G%C3%8ANERO-E-INCLUS%C3%83O-ESCOLAR.pdf>. Acesso em: 7 fev. 2020.

ROSSI, L. G. F. **O intelectual feiticeiro**: Edison Carneiro e o campo de estudos das relações raciais no Brasil. 228 f. Tese (Doutorado em Antropologia Social) – Universidade Estadual de Campinas, 2011. Disponível em: <http://repositorio.unicamp.br/jspui/handle/REPOSIP/280383>. Acesso em: 7 jul. 2020.

SAHLINS, M. A primeira sociedade da afluência. In: CARVALHO, E. A. (Org.). **Antropologia econômica**. São Paulo: Ciências Humanas, 1978. p. 7-44.

SANTOS, B. de S. **Pela mão de Alice**: o social e o político na pós-modernidade. São Paulo: Cortez, 1995.

SANTOS, R. V.; MAIO, M. C. Antropologia, raça e os dilemas das identidades na era da genômica. **História, Ciências, Saúde – Manguinhos**, v. 12, n. 2, p. 447-468, maio/ago. 2005. Disponível em: <https://www.scielo.br/pdf/hcsm/v12n2/10.pdf>. Acesso em: 6 jul. 2020.

SCHADEN, E. Aculturação indígena: ensaio sobre fatores e tendências da mudança cultural de tribos índias em contacto com o mundo dos brancos. **Revista de Antropologia**, São Paulo, v. 13, 1965.

SCOTT, J. W. Gênero: uma categoria útil de análise histórica. Tradução de Christine Rufino Dabat e Maria Betânia Ávila. **Educação & Realidade**, Porto Alegre, v. 20, n. 2, p. 71-99, jul./dez. 1995.

SCOTTO, G. Campanha de rua, candidatos e biografias nas eleições municipais no Rio de Janeiro. In: PALMEIRA, M.; GOLDMAN, M. (Org.). **Antropologia, voto e representação política**. Rio de Janeiro: Contra Capa Livraria, 1996.

SCOTTO, G. Festas da política: uma etnografia da modernidade no sertão (Buritis/MG). **Campos**, v. 5, n. 1, p. 183-186, 2004. Resenha. Disponível em: <https://revistas.ufpr.br/campos/article/view/1642/1384>. Acesso em: 7 jul. 2020.

SEGATO, R. A antropologia e a crise taxonômica da cultura popular. **Anuário Antropológico/88**, Brasília, p. 81-94, 1991.

SEGATO, R. L. Gênero e colonialidade: em busca de chaves de leitura e de um vocabulário estratégico descolonial. Tradução de Rose Barbosa. **E-cadernos CES**, Coimbra, n. 18, 2012. Disponível em: <https://journals.openedition.org/eces/1533>. Acesso em: 7 jul. 2020.

SEGATO, R. L. **Os percursos do gênero na antropologia e para além dela**. Brasília, 1998. (Série Antropologia, n. 236). Disponível em: <http://www.clam.org.br/bibliotecadigital/uploads/publicacoes/1083_588_SEGATO-Rita-Laura-Os-percursos-do-genero-na.pdf>. Acesso em: 6 jul. 2020.

SEYFERTH, G. **A invenção da raça e o poder discricionário dos estereótipos**. Rio de Janeiro: Tempo Brasileiro, 1993. p. 175-203. (Anuário Antropológico). Disponível em: <http://dan.unb.br/images/pdf/anuario_antropologico/Separatas1993/anuario93_giraldaseyferth.pdf>. Acesso em: 6 jul. 2020.

SIGAUD, L. Apresentação. In: LEACH, E. R. **Sistemas políticos da Alta Birmânia**. Tradução de Geraldo Gerson de Souza, Antônio de Pádua Danesi e Gilson Cardoso de Souza. 1. ed. reimpr. São Paulo: Edusp, 2014. (Clássicos, 6). p. 9-46.

SKIDMORE, T. E. **Preto no branco**: raça e nacionalidade no pensamento brasileiro (1870-1930). Tradução de Donaldson M. Garschagen. São Paulo: Companhia das Letras, 2012.

STRATHERN, M. **O gênero da dádiva**: problemas com as mulheres e problemas com a sociedade na Melanésia. Tradução de André Villalobos. Campinas: Ed. da Unicamp, 2006.

TAMBIAH, S. J. Continuidade, integração e horizontes em expansão. Entrevista a Mariza Peirano. Tradução de Kátia Maria Pereira de Almeida. **Mana**, v. 3, n. 2, p. 199-219, 1997. Disponível em: <https://www.scielo.br/pdf/mana/v3n2/2445.pdf>. Acesso em: 6 jul. 2020.

TAUSSIG, M. **Xamanismo, colonialismo e o homem selvagem**: um estudo sobre o terror e a cura. Tradução e Carlos Eugênio Marcondes de Moura. Rio de Janeiro: Paz e Terra, 1993.

TEIXEIRA, C. C. **A honra da política**: decoro parlamentar e cassação de mandato no Congresso Nacional (1949-1994). Rio de Janeiro: Relume Dumará; NuAP, 1998.

TV CULTURA. **Leituras do Brasil**: Casa-grande & senzala. 1995. Disponível em: <https://tvcultura.com.br/videos/5806_leituras-do-brasil-casa-grande-senzala.html>. Acesso em: 2 jun. 2020.

TYLOR, E. B. A ciência da cultura. In: **Evolucionismo cultural**: textos de Morgan, Tylor e Frazer. 2. ed. Tradução de Maria Lúcia de Oliveira. Rio de Janeiro: J. Zahar, 2009. p. 67-99.

VELHO, G. **Nobres e anjos**: um estudo de tóxicos e hierarquia. Rio de Janeiro: Ed. da FGV, 1998.

VELHO, G. Observando o familiar. In: NUNES, E. de O. (Org.). **A aventura sociológica**. Rio de Janeiro: Zahar, 1978. p. 36-46.

VELHO, G.; ALVITO, M. (Org.). **Cidadania e violência**. 2. ed. Rio de Janeiro: Ed. da UFRJ/FGV, 2000.

VELOSO, M.; MADEIRA, A. **Leituras brasileiras**: itinerários no pensamento social e na literatura. São Paulo: Paz e Terra, 1999.

VIVEIROS DE CASTRO, E. B. Imagens da natureza e da sociedade. In: VIVEIROS DE CASTRO, E. B. **A inconstância da alma selvagem e outros ensaios de antropologia**. São Paulo: Cosac & Naify, 2002. p. 319-344.

VIVEIROS DE CASTRO, E. B. Os pronomes cosmológicos e o perspectivismo ameríndio. **Mana**, São Paulo, v. 2, n. 2, p. 115-144, 1996. Disponível em: <https://www.scielo.br/pdf/mana/v2n2/v2n2a05.pdf>. Acesso em: 5 jul. 2020.

Waddington, c. b. G. O livro e a invenção da modernidade. **Tempo Brasileiro**, Rio de Janeiro, n. 142, p. 135-154, jul./set. 2000.

WOORTMANN, K. **"Com parente não se neguceia"**: o campesinato como ordem moral. Brasília: Ed. da UnB; Rio de Janeiro: Tempo Brasileiro, 1990. (Anuário Antropológico, v. 87).

ZALUAR, A. **A máquina e a revolta**: as organizações populares e o significado da pobreza. São Paulo: Brasiliense, 1985.

ZALUAR, A. Violência e crime. In: MICELI, S. (Org.). **O que ler na ciência social brasileira (1970-1995)**. 2. ed. São Paulo: Sumaré; Anpocs; Brasília: Capes, 1999. p. 13-107. v. 1: antropologia.

Bibliografia comentada
[...]

BOAS, F. **A formação da antropologia americana**: 1883-1911. Tradução de Rosaura Maria Cirne Lime Eichenberg. Rio de Janeiro: Contraponto; Ed. da UFRJ, 2004.

Esse livro está organizado em dez partes, com 48 textos escritos por Franz Boas entre os anos de 1883 e 1911. Essa antologia tornou-se a mais importante compilação dos trabalhos de Boas traduzida para a língua portuguesa e publicada no Brasil. Em uma época na qual a antropologia física e o evolucionismo dominavam, Boas nos apresenta outro foco de análise, voltado para o estudo das culturas (como totalidades historicamente condicionadas) e suas diversas manifestações (por meio das artes, das línguas, da história, dos costumes e das tradições). O autor tornou-se um dos fundadores da moderna antropologia cultural.

GEERTZ, C. **A interpretação das culturas**. Rio de Janeiro: LTC, 2008.

Clifford Geertz (1926-2006) foi um dos maiores antropólogos estadunidenses de sua geração. Sua obra influenciou, e ainda influencia, fortemente o trabalho de produção intelectual do Brasil. Essa coletânea seleciona ensaios relacionados direta ou indiretamente com o conceito de *cultura* proposto pelo autor, sua metodologia interpretativa sobre esse conceito e como ele pode ser interpretado segundo as relações vividas por pessoas e coletivos.

PEIRANO, M. G. **A favor da etnografia**. Rio de Janeiro, Relume-Dumará, 1995.

A construção da antropologia, e sua afirmação no rol das disciplinas científicas, tem no trabalho de campo e na etnografia suas principais marcas. Com essa constatação, a professora emérita da Universidade de Brasília Mariza Peirano constrói essa obra, que hoje é leitura obrigatória para os estudantes de antropologia no Brasil. Disciplina de caráter artesanal e ambicioso, segundo a autora, a antropologia seria a ciência que coloca em contraste conceitos teóricos de pesquisadores e pesquisados, propondo tecer uma humanidade pautada pelas diferenças. Como demonstra neste livro, a etnografia apresenta o "campo" como seu local de excelência, em territórios insulares, estádios de futebol ou estúdios de música, ou, ainda, em bibliotecas, acervos ou coleções fílmicas.

VIVEIROS DE CASTRO, E. B. **A inconstância da alma selvagem e outros ensaios de antropologia**. São Paulo: Cosac & Naify, 2002.

O perspectivismo ameríndio e seus desdobramentos tornaram conhecidas as teorias produzidas com base em socialidades e cosmologias de diferentes grupos indígenas, colocando no mapa a teoria antropológica brasileira. Viveiros de Castro, antropólogo do Museu Nacional (UFRJ), reúne, nessa obra de caráter ensaístico, textos que preparam conceitos importantes – como o idioma da predação – não apenas para o campo da etnologia indígena, mas para toda a disciplina. O autor faz elaborações analíticas que colocam em perspectiva ontologias diversas, que permitem ao leitor compreender as proposições de universalidade, quando põe em jogo a imaginação conceitual indígena ante a nossa própria.

Respostas
[...]

Capítulo 1

Atividades de autoavaliação

[1] e
[2] c
[3] d
[4] a
[5] d

Capítulo 2

Atividades de autoavaliação

[1] d
[2] b
[3] c
[4] b
[5] c

Capítulo 3

Atividades de autoavaliação

[1] d
[2] c

[3] b
[4] c
[5] a

Capítulo 4

Atividades de autoavaliação

[1] c
[2] b
[3] b
[4] c
[5] d

Capítulo 5

Atividades de autoavaliação

[1] a
[2] b
[3] d
[4] b
[5] c

Capítulo 6

Atividades de autoavaliação

[1] d
[2] d
[3] a
[4] c
[5] d

Sobre as autoras
[...]

Janaina Moscal

Doutora em Antropologia Social pelo Programa de Pós-Graduação da Universidade Federal de Santa Catarina (UFSC); mestre em Antropologia Social pela Universidade Federal do Paraná (UFPR); especialista em Comunicação, Cultura e Arte pela Pontifícia Universidade Católica do Paraná (PUC-PR); e graduada em Comunicação Social pela Universidade Tuiuti do Paraná (UTP). Atualmente desenvolve pesquisas sobre os temas música, arte, política, comunicação, campesinato e movimentos sociais. Atua em pesquisas e projetos no campo da antropologia desde 2008, em especial na área de patrimônio imaterial.

Simone Frigo

Doutora em Antropologia Social pelo Programa de Pós-Graduação da Universidade Federal de Santa Catarina (UFSC); mestre em Antropologia Social pela Universidade Federal do Paraná (UFPR); e graduada em Ciências Sociais pela UFPR. Como docente e pesquisadora, atua principalmente nos temas relações de gênero, pesca, antropologia da política e patrimônio imaterial.

Os papéis utilizados neste livro, certificados por instituições ambientais competentes, são recicláveis, provenientes de fontes renováveis e, portanto, um meio responsável e natural de informação e conhecimento.

FSC
www.fsc.org
MISTO
Papel | Apoiando o manejo florestal responsável
FSC® C103535

Impressão: Reproset